Boileau-Narcejac

J'ai été
un fantôme

Denoël

... Mais il ira au ciel,
Est-ce là me venger ? Cela vaut l'examen.
Un misérable tue mon père et, en retour,
Moi, son unique fils, j'envoie ce misérable au
Paradis.
Ah, c'est là un viatique, une récompense
Ce n'est pas me venger...
Non, mon épée. Non, ne le frappe pas, réserve-toi
pour un coup plus horrible.

Hamlet (III, 3)

Nous aimerions que nos lecteurs nous fassent parvenir des rapports sur les visions précédant la mort, dont ils ont été témoins et qui pourraient nous être utiles en vue de recherches futures.

Docteurs Osis et Horaldsson

RAPPORT

Je n'aurais pas osé rédiger ce long (trop long) rapport si les lignes que je viens de citer ne m'étaient pas tombées sous les yeux par hasard. Mais est-ce bien un hasard?... Quoi qu'il en soit, avant de produire mon témoignage, je dois donner quelques éclaircissements sur moi-même, afin de prouver, s'il se peut, que je n'ai jamais cessé de m'interroger, de douter, de chercher des explications raisonnables concernant des faits qui le sont si peu. J'ajouterai que ces faits, je ne les ai confiés à personne, pas même à ma pauvre mère, tellement ils sont, à première vue, invraisemblables.

Enfin, je dois encore avouer que je ne sais pas écrire; j'entends comme un écrivain. Il s'agit ici, je le rappelle, d'un rapport, c'est-à-dire d'un récit que je voudrais aussi nu et dépouillé qu'un procès-verbal. Ce n'est pas ma faute si j'ai vécu non pas des heures mais des jours et peut-être des mois terribles, et si l'histoire de mes sentiments se confond avec celle des événements que je me propose de raconter maintenant. Il faut essayer de comprendre les premiers si l'on veut bien mesurer la nature et l'importance des seconds.

Je m'appelle Christine Vauchelle, née Roblin. J'ai vingt-six ans. J'habite près de la gare Saint-Lazare, rue de Châteaudun, où mon mari, philatéliste de profession, a son cabinet. Sa mère, Geneviève Vauchelle, est veuve et vit avec nous. Ma mère aussi est veuve. Mais d'ailleurs tous ces détails figurent certainement dans quelque classeur de la P.J. Je n'ai donc pas besoin d'encombrer ce rapport de renseignements oiseux. Je les donnerai au fur et à mesure que je les jugerai indispensables à la clarté de mon exposé. Si un enquêteur s'intéresse à mon cas, il n'aura qu'à consulter le dossier Vauchelle.

Dernière précision. J'ai toujours entendu dire de moi que j'étais très belle. A la Sorbonne, quand je préparais une vague licence de lettres classiques, j'étais toujours poursuivie par une foule de mâles en chaleur ; je ne vois pas d'autre mot. Cela m'amusait mais j'étais d'un naturel réservé et je me serais bien gardée de les encourager. Les émois sensuels n'étaient pas mon fort. En revanche, j'étais horriblement sentimentale. J'attendais le grand amour, oui, c'est un peu bête de s'exprimer ainsi, mais j'étais bête, voilà tout. Quand j'y pense, comment était-ce possible, ce mélange de culture littéraire et de naïveté fruste ? Je lisais avec un égal intérêt *Hamlet* et les cinés-romans. J'avais dans ma chambre, face à face, les photos de Paul Valéry et de Gary Cooper. Et pour me résumer, je dirai que je n'avais pas envie de travailler et que je m'ennuyais comme il n'est pas possible. Dans ces conditions, comment me suis-je laissé marier ?

J'étais indépendante et jalouse de ma liberté. Ma mère gagnait beaucoup d'argent. Je ne manquais pas de bonnes amies. Alors, vraiment, je ne comprends pas. Ou plutôt, je ne vois qu'une explication : ce fonds d'indifférence qui me faisait accueillir chaque nouveau jour avec un sentiment de lassitude et de résignation. Je connaissais bien Bernard Vauchelle. Il nous amusait, maman et moi, par ses mines de vieux jeune homme cérémonieux et complimenteur. Il avait toujours l'air de se savonner les mains quand il s'adressait à ma mère avec des mots gracieux. « Ce qu'il peut m'agacer, soupirait maman. Mais c'est un bon garçon, et ce n'est pas sa faute s'il a été mal élevé. » Car, je dois le noter ici, sa mère et la mienne, tout en se prodiguant les plus évidentes marques d'amitié, ne s'aimaient pas beaucoup. Elles avaient été camarades de jeu, puis d'études, puis de travail, quand elles étaient entrées comme secrétaires au service de la Société Vauchelle et Roblin. Et, comme il arrive dans la vie aussi souvent que dans les romans, les secrétaires étaient devenues des épouses : d'un côté Geneviève Vauchelle, et de l'autre Marthe Roblin. Mais Vauchelle, qui était beaucoup plus âgé que sa femme, avait un grand fils, Bernard, d'un premier mariage. Autant le dire tout de suite Bernard avait cinquante et un ans quand nous nous sommes mariés.

Nous étions aussi mal assortis que possible, mais ma mère, devenue, à la mort de mon père, P.-D.G. de la Société Roblin, et débordée de travail, souhaitait me « caser », selon son expression, tandis que Geneviève Vauchelle, principale actionnaire de la firme, se désolait de voir son fils vieillir en célibataire. Aussi ne cessait-on pas de vanter mes mérites à Bernard et inversement. Bernard était assez laid, mais travailleur, riche et que sais-je encore. J'avais beau objecter à ma mère que faire commerce de timbres n'est pas un métier.

— Il n'y a pas que cela qui compte, répondait-elle. Il y a d'abord le caractère. Bernard est maniaque, c'est vrai. Mais c'est un homme doux, gentil, serviable, et qui n'a pas toujours été heureux. Son père courait les putes. Sa mère est partie avec un Américain. Heureusement, Geneviève était là. Grâce à elle, il a eu jusqu'à la mort de Vauchelle, un foyer. Mais enfin il est normal qu'il songe, maintenant, à vivre comme tout le monde. Et il t'aime.

— Il te l'a dit ?

— Pas lui. Il ne se le permettrait pas. Mais Geneviève.

— Mais moi. Je ne l'aime pas.

— Parce que tu le connais mal. Et puis l'amour, l'amour, vous n'avez que ce mot à la bouche. Si tu étais aussi occupée que moi, tu comprendrais que l'amour, c'est bien joli, mais ça s'use plus vite que le reste.

— Qu'est-ce que c'est, le reste ?

Elle ne le disait pas, mais je le devinai. Le reste, pour elle, c'était le succès, le pouvoir, l'orgueil d'être la meilleure. Elle était faite pour dominer.

— Et puis, ajoutait-elle parfois, sur le ton de la plaisanterie, quand on s'ennuie près d'un mari, on le fait cocu.

Et elle riait, très fort, pour bien marquer qu'il ne s'agissait là que d'une boutade. Elle ne détestait pas de choquer, par le propos un peu cru, la grossièreté voulue, qu'elle croyait être un privilège masculin. Elle savait que ses ouvriers, derrière elle, s'égayaient et murmuraient : « Quel numéro ! » Moi, je détestais ces

14

manières et si, peu à peu, je m'habituais à l'idée d'être un jour Mme Vauchelle, c'est surtout parce que j'en avais assez de vivre à la maison, dans une espèce d'agitation continuelle. Ma mère possédait un très beau salon, mais il y avait toujours des visiteurs, de ces gens à attaché-case qui fument le cigare et boivent du whisky, en attendant d'être reçus, tandis que crépite, dans le bureau de la secrétaire, une machine à écrire et que sonne le téléphone. L'ai-je dit ? Les tableaux que mon père avait achetés au prix fort — il n'y connaissait rien et se laissait facilement rouler —, avaient été remplacés, au mur, par des posters représentant des catamarans, des trimarans, en un mot tout le gratin de la plaisance qui avait fait la réputation, à Antibes, des Etablissements Roblin.

Et j'avoue que le coup d'œil était surprenant. Bien sûr, ces araignées volant sur l'eau me donnaient un insurmontable sentiment de malaise, mais, en revanche, les immenses mâtures, les « spi » comme des goitres monstrueux, retenaient le regard en lui livrant une sorte de sauvage poésie, et, quand je traversais ce salon qui ressemblait de plus en plus à une salle d'attente, je pensais toujours : « Est-ce possible que je sois une Roblin ? Moi qui aimerais tellement le silence et la paix ! »

Ce détail a son importance, et d'ailleurs, dans ce rapport, il n'y a aucun détail inutile. Si j'avais eu un « chez moi » conforme à mes désirs, je n'aurais même pas porté les yeux sur Bernard. Mais ce qui me plaisait, chez lui, c'était — comment dire ? — c'était son côté secret, presque furtif. Il était petit, mince, glissant. Toujours vêtu de velours noir, avec la touche plus claire d'un nœud papillon, il se déplaçait sans bruit sur l'épaisse moquette grise de son vaste bureau. Ses doigts pianotaient sur les poignées de ses classeurs et il montrait, avec précaution, un timbre sous cellophane qu'il faisait voir de loin, comme si son visiteur eût été contagieux. Il annonçait respectueusement : « L'*Arc-en-ciel*, de Couzinet, le brun et bleu, Mauritanie. Il vaut très cher. Je l'ai promis à un chirurgien de mes amis. Mais en voici un autre, qui est libre. République du Mali, dentelé. La Santa Maria, un spécimen noir, bleu et rouge de toute beauté. »

Il parlait de ses timbres non pas comme un marchand, mais plutôt comme un peintre déchiré à la pensée de se séparer de ses toiles. Il se frottait à nouveau les mains, observé de loin par son chat, assis sur le bureau. Ce chat, d'un noir total, sauf quelques poils blancs sur la gorge, paraissait sorti de Bernard comme si la nature, après avoir façonné l'homme, avait eu à utiliser un surplus et s'était amusée à produire ce petit double inquiétant.

De lourdes tentures étaient en permanence tirées devant les fenêtres. Seul le plafonnier éclairait la pièce, meublée de deux fauteuils clubs formant devant le bureau une sorte de public attentif. Pas de cendriers en vue ; un téléphone gris, des pinces, des loupes, un catalogue. Et, assourdi, le monde extérieur qui ne pénétrait ici que sous la forme bariolée de ces images dont on ne prononçait le prix qu'à voix basse. Je jure que je n'exagère pas. Bernard Vauchelle était un de ces spécialistes comparables aux diamantaires qui règnent sur les pierres précieuses à Amsterdam, à Londres, à New York, mais je l'ignorais alors.

Je le jugeais un peu ridicule, avec sa manie d'essuyer les boutons de portes, quand il sortait de sa retraite. Il avait dans les poches une provision de Kleenex. Vite, et comme un peu honteux, il frottait le loquet, puis bouchonnait le papier et le jetait derrière lui, pour amuser Prince. Et Prince bondissait, giflait la boule, la mordillait, la faisait courir devant lui, se couchait dessus, ou bien sautait en l'air des quatre pattes ou bien encore avançait obliquement sur elle, le dos arqué, la queue tordue, la dent sur la lèvre, avec des mines d'assassin. Bernard prenait ses visiteurs à témoin. « Il aime jouer. Est-ce que vous aimez les chats ? » On disait oui, pour lui plaire. Moi aussi, j'ai dit oui, et pourtant, je me méfiais de Prince. Assis sur le coin du bureau, la queue gracieusement ramenée sur ses pattes, il me toisait avec une indifférence glacée et, comme je ne baissais jamais les yeux, il fermait lentement les paupières pour ne laisser filtrer qu'un intense regard vert.

J'étais l'intruse. Il avait déjà senti, bien avant moi, qu'un jour j'envahirais son domaine. J'y venais assez souvent, à la demande de Bernard pour m'occuper de son courrier, car il détestait écrire, mais surtout parce qu'il avait trouvé ce prétexte pour m'attirer chez lui. Il finit d'ailleurs par remercier sa secrétaire, pour un motif futile. Désœuvrée, poussée par ma mère, encouragée — mais du bout des lèvres — par Mme Vauchelle, j'acceptai l'offre de Bernard à deux conditions : je l'aiderais à titre bénévole, donc pas de rémunération. Je ne l'assisterais, d'autre part, qu'en visiteuse de passage, donc prête à reprendre à tout instant ma liberté.

Il dit oui à tout. Je n'ai rien vu venir. Deux fois par semaine, le mardi et le vendredi, je m'installais dans une petite pièce attenant au bureau et je tapais le courrier, dont les éléments m'étaient fournis par un magnétophone. Parfois, Bernard m'appelait pour me présenter à quelque client de marque, comme s'il avait voulu m'associer plus étroitement à son travail, et je devinais aisément qu'il était fier de moi, de ma beauté (qu'on veuille bien me pardonner ce mot),

17

d'une certaine façon que j'avais de m'habiller, toujours très simplement mais avec une élégance naturelle que je tenais de mon père. Il se permettait de m'appeler Christine, devant ses visiteurs, sur un ton familier qui semblait sous-entendre des secrets d'alcôve, et ce fut l'occasion de notre première querelle. Elle éclata tout de suite après le passage de Dominique.

— Je ne peux pourtant pas vous appeler à chaque instant mademoiselle Roblin, s'excusa-t-il.

— Eh bien, répliquai-je, quand vous me parlez en présence d'un tiers, ne m'appelez pas du tout. Ou bien dites : ma collaboratrice.

Prince, léchant sa petite pogne gracieusement arrondie devant sa bouche, écoutait discrètement, mais je suis à peu près sûre qu'il avait ouvert l'œil quand Bernard qui, lui, ne devinait jamais rien, avait annoncé : « Monsieur Dominique Lapierre. »

Moi non plus, je n'eus aucun pressentiment. Bien sûr, Dominique était beau, jeune, superbement habillé, blond comme on se représente les Vikings de la légende, raffiné dans ses manières, mais quoi, il collectionnait les timbres, lui aussi, et cela me semblait indigne d'un homme libre. Je ne sais pas comment m'expliquer. Bernard aussi s'occupait de timbres, mais il ne perdait pas son temps à les coller dans des albums. Dominique, lui, oui ; il collectionnait pour de bon, sans doute le soir la loupe à l'œil, penché sur ses vignettes, comptant leurs dents, pourquoi pas ? Je le voyais si bien au volant d'une Porsche, et tout ce qu'il savait faire, c'était de s'absorber dans cette manie de vieux, le souffle retenu pour ne pas abîmer les précieuses images.

Je regagnai mon bureau, déçue et irritée. Pourquoi déçue ? Pourquoi irritée ? Les imbéciles parlent de coup de foudre. Tout le monde, pourtant, devrait savoir comment agissent les virus. Ils se blottissent dans une cellule, s'y fortifient très doucement, parfois s'y endorment. L'essentiel, pour eux, c'est d'avoir trouvé la terre promise et d'en faire leur demeure, d'en devenir propriétaires. Le virus « Dominique », un beau jour, dévorerait Christine jusqu'à ne plus laisser que quelques ossements, comme ceux qui jonchent le sable des déserts.

Et c'est bien, en effet, ce qui a failli arriver. Mais entre-temps, j'avais épousé Bernard. « Entre-temps », cela signifie des semaines, et même des mois, de vis-à-vis, de côte à côte, et même d'émotions partagées, car je suivais avec un grand intérêt certaines tractations particulièrement délicates et je finissais, c'est vrai, par vibrer comme un supporter, dans un match.

Il y eut un certain « Vietnam » surchargé 30e anniversaire de la bataille de Diên Biên Phu, dentelé, multicolore, représentant Hô Chi Minh et son état-major, qui nous valut bien des émotions, ce qui me donna l'occasion de découvrir, chez Bernard, des qualités de patience, de sang-froid, de détermination, que je n'avais jamais soupçonnées. Il m'offrit, pour me remercier, un dîner superbe. Pourquoi aurais-je refusé ? Et quand je trouvais près de mon téléphone, en arrivant le matin, un bouquet de roses, pourquoi aurais-je montré de l'humeur ? Au gré des jours je me laissais circonvenir, tout en disant à maman :

— D'accord. Il gagne à être connu. Mais je ne me ferai jamais à ses manies. Tu peux m'expliquer pourquoi il est toujours à essuyer quelque chose ? Même ses meilleurs clients, il essuie ce qu'ils ont touché.

— Et quand vous allez au restaurant ?

— C'est pareil. Il faut qu'il fasse son petit ménage. Et tu sais ce qu'il m'a répondu ? Que ce qui est à lui est à lui, même un couvert, même une serviette. Les empreintes des autres le dégoûtent.

— Alors, et toi ?

— Eh bien, je suppose qu'il purifie ma table, ma machine à écrire, mon bloc de rendez-vous, à coups de Kleenex, dès que je suis partie.

Maman s'amusait beaucoup.

— Il est charmant, ton Bernard. Mais de quoi te plains-tu ? Il ne fume pas. Il ne boit pas. Il ne couche pas.

— Je n'en sais rien. Je ne suis pas toujours derrière lui.

Maman pouffa.

— Ce serait trop drôle s'il courait la gueuse avec ses Kleenex. Non, ma petite, crois-moi. Ce sont les petites manies qui vous mettent à l'abri des grandes obsessions. Il est très bien, ce garçon. Sois gentille avec lui.

Ce que je faisais, avec de moins en moins d'effort. J'attendais le moment où il se pencherait sur moi, m'embrasserait, se déclarerait enfin, car je le sentais de plus en plus attiré, et ce jeu de cache-cache retenait toute mon attention et suffisait à emplir le vide de ma vie. Je n'arrivais pas à démêler si cette continuelle préoccupation était de l'amour, et, en vérité, j'étais comme beaucoup de jeunes femmes qui se croient affranchies et qui... Mais qu'on me pardonne. Surtout pas de théorie. Qu'on sache seulement que, du côté de la mère de Bernard, je ne découvrais nulle animosité secrète. Ce qu'ils se disaient, tous les deux, hors de ma présence, je l'ignore. Mais je pense qu'elle l'encourageait, ne fût-ce que pour satisfaire aux convenances, car les convenances lui tenaient lieu de morale et de religion. Et, comme elle sortait beaucoup, recevait beaucoup — tout le contraire de ma mère —, il est évident qu'elle commençait à craindre certains commérages. Bref, déjà à demi consentante, j'étais ce qu'on appelle un oiseau pour le chat.

A ce propos, je dois signaler que Bernard ne pouvait pas se contenter du consentement de sa mère. Il lui fallait aussi celui de Prince. C'est pourquoi je me hasardai à faire les premières avances, la première caresse entre les oreilles, le premier petit chatouillement sous le menton. Il ne disait pas non, mais il me refusait tout ronronnement de bon accueil. Il se contentait de regarder son maître et semblait lui murmurer : « Tout ce que je fais pour toi. Si encore son vernis à ongles sentait moins mauvais ! » Il bâillait, émettait une sorte de couinement à fendre le cœur, et sautait à terre. Bernard souriait.

— Excusez-le, me dit-il. Nous sommes de vieux célibataires.

Il se concentra, avant de poursuivre :

— Mais moi, il ne tient qu'à vous.

C'est ainsi qu'il me demanda en mariage.

Sur l'instant, je ne compris pas. Alors, il sortit de sa poche un écrin, l'ouvrit d'une main qui tremblait un peu, et me montra une bague qui étincelait comme de la braise.

— Pour vous, fit-il, d'une voix qui s'étranglait.

Il n'osait pas me la passer au doigt. C'est moi, soudain avide, qui la glissai à mon annulaire, et nous restâmes face à face, le souffle court.

— Vous voulez bien ? dit-il enfin.

Il m'attira contre lui et rata son premier baiser sur mes lèvres ; car son nez heurta le mien. « Oh ! pardon ! » fit-il en me lâchant ; ce qui nous sauva. Nous éclatâmes de rire.

Ce fut à ce moment-là que je me mis à l'aimer... Pour sa gaucherie, sa timidité, sa générosité et tout bonnement parce que c'était lui et qu'il commençait à me plaire. Je pris l'initiative d'un vrai baiser, mes bras autour de son cou, ma main gauche ouverte derrière sa nuque, et je ne me lassais pas de contempler le rubis qui jetait tous ses feux, entouré comme une fleur magique, de pétales de diamants. De nous deux, c'est lui qui défaillait et il eut encore un mot charmant, en se séparant de moi.

— Excusez-moi, Christine ; je n'ai pas l'habitude.

Oh ! je le savais bien qu'il n'avait pas l'habitude des femmes et des caresses ! Il me regardait avec ravissement.

— Je suis si heureux, dit-il. Je vais prévenir maman.

Mais je n'ai pas l'intention de raconter nos fiançailles. Je note simplement que Mme Vauchelle se contenta de hocher la tête en regardant ma bague, tandis que ma mère, un peu plus tard, poussa un petit cri de saisissement en approchant le bijou de ses yeux, et s'écria : « Sept ou huit millions. Je m'y connais ! »

Les choses suivirent leur cours, à ceci près que je déjeunais presque tous les jours avec Bernard, dans un restaurant près de Saint-Lazare. C'est là que j'apprenais à mieux le connaître, que son visage me devenait familier. Ses tempes se dégarnissaient, des pattes d'oie, quand il souriait, craquelaient le coin de ses yeux. Très brun, il était affligé de cette barbe qui bleuit les joues et semble défier le rasoir. Il portait des lunettes pour travailler, une paire sur le nez pour étudier les timbres ; une autre dans sa poche de poitrine pour regarder au loin. Un jour, en sucrant son café, trois sucres plus, pour Prince, des miettes de pâtisserie dans un cornet, il me demanda :

— Vous me trouvez vieux, n'est-ce pas ?

Interloquée, je protestai :

— Mais non ; pas du tout.

Et, pour cacher mon embarras, j'ajoutai :

— Voyons, Bernard, est-ce qu'on ne pourrait pas commencer à se tutoyer ?

Il s'empourpra, saisit fébrilement ma main, sur la nappe, et je compris qu'il se méprenait sur mes intentions. Le tutoiement, pour lui, c'était le vrai sacrement du mariage. Ma question le gênait et en même temps semblait lui promettre de prochaines voluptés.

— Merci, dit-il. Vous êtes... tu es...

Je n'entendis pas la suite, tellement son émotion m'étonnait. Curieux petit homme, décidément, à qui j'allais me lier pour toujours. Nous sortîmes. Il me prit le bras, comme il en avait désormais l'habitude, mais, à la façon dont il restait un peu en arrière, je compris qu'il avait quelque chose à dire qu'il ne savait comment formuler. Nous marchions lentement dans la foule qui, quelle que soit l'heure, se hâte vers la gare, et l'endroit était mal choisi pour échanger des confidences. Mais ce fut justement ce qui le décida à parler. Il m'arrêta et me dit, en regardant à côté :

— Avant moi ? Est-ce qu'il y en a eu d'autres ?

Je me rappelle que nous étions à deux pas d'un magasin d'Interflora. Une commise arrosait des géraniums et une pancarte conseillait : *Dites-le avec des fleurs*. Pauvre Bernard ! Je n'hésitai pas à mentir. Pourquoi lui faire de la peine en lui avouant quelques flirts sans conséquence ?

— Bien sûr que non, voyons !

Il insista presque méchamment :

— Ne dis pas que tu m'attendais.

Puis, reprenant son sang-froid, il m'entraîna dans la boutique et m'acheta un gros bouquet de roses.

— Même en plein jour, je me fais des petits cauchemars, murmura-t-il, en essayant de plaisanter. C'est que, vois-tu, je...

Il lui arrivait souvent de ne pas finir ses phrases. Cette fois je complétai sans peine : Je t'aime. Mais c'est un mot qu'il ne prononça jamais. Il était aussi secret que son chat. Et probablement aussi jaloux, comme je le devinais à certains silences hostiles. Par exemple, il ne supportait pas Stéphane.

Je me proposais de parler plus loin de Stéphane, car il va tenir une place capitale dans ce rapport. Mais puisqu'il a l'air de s'imposer ici, autant le présenter tout de suite.

Stéphane Legris, trente-quatre ans, plutôt beau garçon, célibataire, ambitieux, diplômé d'architecture et grand spécialiste de la voile. Je peux dire qu'il était à la construction navale ce qu'un Saint-Laurent est à la haute couture. Il signait des bateaux comme on signe une robe. Dans le petit monde de la plaisance, il était l'objet d'un véritable respect. Depuis plusieurs années, il travaillait pour ma mère, ou plutôt se servait d'elle pour se pousser sans cesse plus loin et plus haut. Les chantiers Roblin, chacun savait que c'était lui. Au point qu'en parlant d'un trimaran ou d'un monocoque, on disait un « Legris » comme on aurait dit : une Lancia ou une Alfa Romeo. Il était la fierté et le tourment de ma mère. A chaque instant, d'horribles disputes les jetaient l'un contre l'autre. Il osait la traiter de « gagne-petit », de « minable bourgeoise » et elle ripostait en lui refusant certains projets trop ruineux, mais ils avaient trop besoin l'un de l'autre pour rompre leur contrat.

Bernard, comme on dit, ne pouvait pas le voir en peinture. Il était trop correct pour laisser paraître son animosité quand il nous arrivait de le rencontrer, mais il avait toujours refusé, sous divers prétextes, d'aller visiter les Etablissements Roblin, à Antibes, et jamais il ne lui aurait proposé de venir prendre un verre.

— Qu'est-ce que tu lui reproches ? dis-je un jour.

— Rien, répondit-il. Ou plutôt sa façon de vous regarder comme... Bon ! Je ne t'empêche pas de le voir.

Il y avait ainsi, entre Bernard et moi, quelques heurts, surtout à propos de nos mères. A mesure que se rapprochait la date du mariage, Mme Vauchelle devenait désagréable, pointue, revêche.

— Ne fais pas attention, disait Bernard, ta mère aussi a son caractère. Et, tu vois, même Prince qui boude. Ça leur passera.

Il y eut bientôt toutes les corvées qui précèdent un mariage : toilettes à essayer, lettres à écrire, visites. Quand Bernard annonça que nous ferions un voyage de noces, Mme Vauchelle éclata :

— Qui s'occupera du chat ?... Et puis, un voyage de noces, quelle idée ! Alors que tu as, dans tes classeurs, tous les paysages du monde, les cinq continents, sans parler des principautés, Monaco, San Marino, Andorre... Ça ne vous suffit pas ?

Cette sortie était si inattendue, si déplacée et si absurde que Bernard éclata de rire. Sa mère se leva et pointa vers lui un doigt accusateur.

— Tu ne te trouves pas assez fatigué, depuis quelque temps, mon pauvre enfant ? Vous devriez le raisonner, Christine, maintenant que...

Elle aussi, laissait ses phrases en suspens. On était ainsi responsable du sens qu'on leur prêtait malgré soi.

Bref, la cérémonie eut lieu le 24 juillet, par une chaleur terrible. Et, comme je l'avais pressenti, il n'y eut pas de voyage de noces.

J'en arrive au point le plus délicat de ce rapport, mais je suppose que mon cas doit être exposé sans la moindre réticence, s'il doit être considéré comme présentant une valeur scientifique. Donc, je suis obligée, en conscience, de parler avec précision de notre union qui fut désastreuse dès le premier soir. Ce malheureux Bernard se montra impuissant. Qu'on imagine cette horrible nuit où, malgré ses efforts, il ne pouvait parvenir à ses fins. Il avait beau s'évertuer, s'emporter contre lui, contre moi — il alla même jusqu'à me gifler en me criant dans l'oreille : « Tu le fais exprès » — plus il s'acharnait et plus son échec se révélait définitif. A la fin, il pleura sur mon épaule, et, jusqu'au matin, je dus écouter ses confidences, le récit lamentable de ses rares tentatives avec des professionnelles, qui ne tardaient pas à l'envoyer promener. Il entrait dans les détails, affirmait qu'il était aussi sensible qu'un autre à la beauté des femmes mais son désir s'arrêtait en chemin. Il avait consulté quelques spécialistes réputés. On lui avait fourni d'abondantes explications qui toutes aboutissaient à la même constatation : « Vous êtes normalement constitué mais vous auriez intérêt à voir un psychanalyste. »

— Et tu l'as fait ? dis-je.

— Non. Pour qu'on me déballe mes fantasmes et qu'on m'ouvre les yeux sur des choses que j'aime autant savoir cachées. Je suis renseigné. Dans ce genre d'investigations, tout de suite on met en cause le père et la mère, et j'aimais trop mes parents.

— Mais ta mère, je veux dire Mme Vauchelle, qui n'est pas ta vraie mère mais qui t'a élevé, elle savait tout ce que tu me racontes ?

— Non.

— Si elle l'avait su, elle t'aurait quand même encouragé à te marier ?

— Non. Je ne crois pas.

— Alors, si je comprends bien, tu m'as épousée pour qu'elle continue à ne se douter de rien ?

— Mais je t'aime, Christine. J'étais persuadé que lorsque je te tiendrais dans mes bras...

— Est-ce que tu te rends compte que tu es en train de gâcher nos deux vies ?

Je résume ce qui devrait pourtant être développé abondamment, mais d'abord ces souvenirs n'ont rien de plaisant et ensuite je veux en venir tout de suite à l'essentiel et l'essentiel c'est que Bernard me faisait pitié. Bien plus. Il n'a jamais cessé de me faire pitié. Qu'on me comprenne bien : il avait perdu, devant moi, tout amour-propre. J'aurais pu le rudoyer, le traiter de telle manière qu'il en vînt à se rebiffer, à lever la main sur moi... Eh bien non. Il était l'homme qui n'a pas pu... Que dis-je ? Il était l'homme qui avait abusé de ma bonne foi. Qui m'avait trompée. Et qui ne songeait même pas à m'offrir, au bout de quelque temps, une séparation honorable. Bien au contraire. Il me comblait de cadeaux et se montrait d'une gentillesse que je dois souligner ici, parce qu'elle a joué le premier rôle dans les événements qui vont suivre. De mon côté, il m'était par là même interdit de lui montrer mauvaise figure. On s'imagine qu'un mari qui gâte sa femme l'adore. Et d'ailleurs il est vrai qu'il m'adorait. Quand je lui eus signifié que je désirais faire chambre à part il me supplia :

— Non, je t'en prie. Installons deux lits jumeaux. Je te verrai.

Il voulait dire : « Je te verrai quand tu te déshabilles. »

Je cédai. Mme Vauchelle, qui fourrait son nez partout, se douta bien que quelque chose n'allait pas mais ne posa aucune question. Ce fut ma mère qui flaira la vérité. Comme toujours, elle se borna à quelques réflexions. « Il n'y a pas que ça, dit-elle. Si tu crois que moi j'ai été gâtée ! On voit bien que ton mari t'aime. Alors, ne prends pas cet air de martyre. »

Et on ne parla plus de Bernard. Et la vie redevint quotidienne. Je m'obstinais à remplir mes fonctions de secrétaire, parce que je finissais par trouver un certain plaisir à ce commerce de vignettes. Tout d'abord, il m'avait paru ridicule d'admettre que ce qui faisait la rareté et la valeur d'un timbre, c'était le plus souvent les détériorations qu'il avait subies. Je me rappelle le Cérès de 1 franc, vermillon, émis en 1849, qui valait au bas mot trois cent mille francs. Bernard, habile et rusé comme le courtier qu'il était, réussit à mettre en concurrence un négociant hollandais et un industriel italien et vendit son timbre trois cent trente mille francs. Quelquefois, les tractations duraient des jours et des jours et je ne pouvais me défendre d'entrer dans le jeu. Il m'arriva même de gagner, à moi seule, la partie. Ce fut le cas pour le 1 f. 50 + 3 f. 50, émis au profit de la Caisse d'amortissement en 1931. Je le vendis mille cent francs durant un voyage de Bernard. Il y avait chez lui, par moments, une espèce de fraîcheur enfantine. Je l'ai vu battre des mains, après

29

une affaire difficile (notamment le Cérès de 200, figure noire sur fond jaune de janvier 1849. Un exemplaire très rare en belle qualité). J'avais alors devant moi un vieux gamin passionné, qui profitait de l'occasion pour m'embrasser sans la moindre pensée libidineuse. Il était heureux et je m'en voulais de ma froideur. Peut-être étais-je, de mon côté, une femme peu douée. J'étais coincée entre remords et dégoût. J'aurais souhaité que peu à peu s'installât entre nous l'équivalent d'une camaraderie, une totale liberté de parole, une franchise amusée du regard. Les négligences que permet l'intimité, un ton libre, enfin. Mais non. Le soir venu, c'était l'heure de la gêne, du silence contraint, de la souffrance pour lui et de l'embarras pour moi. Bien plus, c'était l'heure trouble de la jalousie, une fois que la lumière était éteinte.

— Van Houden, tu l'as eu longtemps au téléphone ?
— Encore assez.
— Il t'a fait bonne impression ?
— Oui, plutôt.
— Dis qu'il t'a fait un petit brin de cour. Je le connais. Sous prétexte qu'il ne sait pas très bien le français, il vous sort des propos... Bref, il faut le remettre à sa place, sans hésiter. N'hésite pas, Chris, pour me faire plaisir.

Il essayait de m'appeler Chris, mais c'était un enjouement qui le déchirait.

— Bonsoir, Bernard.
— Bonsoir.

Et j'entendais Prince qui sautait sur son lit. Depuis notre séparation, à force d'obstination et de tendres appels, il avait forcé toutes les défenses et il s'installait entre les jambes de son maître. Là, il ne pouvait s'empêcher de ronronner, peut-être parce qu'il sentait mon agacement. Il savait tout. Il avait compris qu'il devait disparaître avant mon réveil et il filait sans bruit, au petit matin, par le cabinet de toilette. Poli mais distant, sans jamais un moment d'abandon. C'était de la main de Bernard qu'il prenait sa nourriture, avec sa main qu'il jouait, à sa main qu'il venait se caresser, d'un long mouvement voluptueux du cou. Ainsi se créait contre moi une alliance sournoise qui m'incita, peu à peu, à prendre mes distances. Je n'allais pas leur donner, à tous deux, l'habitude de me plier à leurs volontés, sous prétexte qu'ils m'engluaient dans une sorte de faux bonheur qu'assurait leur tranquillité mais me coûtait mon indépendance. Qu'ils ronronnent donc ensemble tout leur saoul ! Je sortis, après mon travail, pour rien, pour prendre l'air, et flâner, et marcher parmi les femmes libres.

— Tu avais à faire des commissions ? me demanda Bernard.

— Non. J'avais seulement envie d'une cigarette.

— Tu fumes dehors ?

Il était déjà choqué et soupçonneux. J'eus le tort de ne pas sauter sur cette occasion de mettre les choses au point.

— J'étais chez ma mère, si tu veux savoir, dis-je.

Il battit tout de suite en retraite.

— Je m'informe. C'est tout. Comment va-t-elle ?

Comme il n'allait jamais lui rendre visite, je pouvais broder à mon aise.

— Elle m'inquiète un peu. Elle se surmène. Elle devrait passer la main.

— Pourquoi ne laisse-t-elle pas Stéphane diriger à sa place ?

— Oui. Mais c'est très curieux. Je crois qu'ils ont besoin l'un de l'autre, pour s'affronter. A qui l'emportera. Ma pauvre mère pique des rages ! Tu l'entendrais ! « Qu'il s'en aille ! Personne n'est indispensable.

31

Un garçon à qui j'ai tout appris. Sauf le talent, d'accord. Mais tout le reste. Les contrats. Tout. Et tu sais ce qu'il a osé me proposer ? Un sponsor. Monsieur voudrait un sponsor, pour aligner un produit Roblin dans une grande épreuve. » Moi, j'écoute. Ça la soulage. Quand je m'absente, c'est que je suis chez elle. Tu n'as pas à te tourmenter.

— Oh ! je ne me tourmente pas ! dit Bernard. Tu sais bien que tu fais ce que tu veux.

Et cela sous-entendait : « J'ai perdu tout droit sur toi. » Mais en même temps ce n'était pas vrai. Et, à sa façon de pincer la bouche, je devinais qu'il souffrait. Et cela me mettait en colère. Et... bref, s'amorçait la spirale de l'amour-rancune, notre amour. Entre nous, il n'y avait rien de cassé, si l'on veut. Il y avait seulement une fêlure, ou plutôt un grincement perpétuel. Mon cœur grinçait, voilà. Jusqu'au jour où...

Ce fut un samedi. J'étais allée voir maman, qui souffrait d'un lumbago, et chez elle, je rencontrai Stéphane. Il était pressé de partir, car il voulait travailler tranquillement, le dimanche, une fois les ateliers d'Antibes débarrassés de leur personnel. Il avait son coin, là-bas, où il mettait ses plans au point, et il n'aimait pas être dérangé. La plupart du temps, pour faire la navette, il utilisait l'avion entre Nice et Paris et il était toujours de mauvaise humeur quand il rendait visite à maman, parce qu'il détestait l'avion. Je crois qu'il en avait peur ou, plutôt, j'en suis sûre, comme l'avenir devait me le prouver. A en juger par la fumée qui régnait au salon et par les cendriers bourrés de mégots écrasés, ils avaient dû encore se quereller, mais devant moi ils s'efforcèrent d'être aimables.

— Je vous dépose quelque part ? me proposa-t-il au bout d'un instant.

J'hésitai. Ma mère trancha.

— Va, va, dit-elle. Je te remercie de ta visite, mais je suis un peu fatiguée et toi, tu as besoin de prendre l'air.

Je descendis donc avec lui.

— On marche un peu ? dit-il.

— Je vous croyais talonné par le temps.

— J'avais surtout envie de m'en aller. Cette pauvre femme ne comprend rien aux bateaux d'aujourd'hui. Or, si on n'a pas un prototype d'avance, on est certains d'être bouffés. Je viens de dessiner un catamaran de vingt-cinq mètres, une beauté. Eh bien, elle ne veut pas en entendre parler. Je lui ai dit : « Si c'est encore non, je laisse tout tomber. » Ça chauffait. Heureusement que vous êtes arrivée.

Nous passions devant le *Flore*. Un homme, au fond de la terrasse, se leva et cria :

— Ho ! Stéphane !

— Dominique ! C'est pas vrai ! Tu es à Paris ?

Ils se serrèrent la main avec élan, et Stéphane fit les présentations : Dominique Lapierre... Mme Christine Vauchelle.

— Vous prenez quelque chose ? insista Dominique. Vous n'en êtes pas à cinq minutes près.

Nous voici attablés devant des menthes à l'eau. Etait-ce des menthes à l'eau ? Cela n'a aucune importance. A partir de cette minute, rien n'eut plus d'importance. Je regardais Dominique. J'étais déjà envoûtée. Je ne saurais dire s'il était beau. La première fois que je l'avais vu, oui, il m'avait paru beau, un peu trop play-boy, peut-être. Je disposais alors de tout mon sang-froid. Maintenant, je me sentais aussi bête, aussi fascinée, aussi donnée que peut l'être une « groupie » devant son idole. Depuis, j'ai eu tout le temps de m'interroger. Si je n'avais pas été mariée avec Bernard, si j'avais été, par exemple, la femme de Sté-

33

phane, si, en somme, je n'avais pas été une femme à la dérive, est-ce que j'aurais chaviré aussi facilement ?

Eh bien, je le crois. Les deux hommes parlaient, parlaient ! Il y a une joie animale des retrouvailles masculines qui m'a toujours émerveillée. Le mâle est une espèce joueuse. Il plaisante comme un chiot qui en mordille un autre et le culbute et se roule par terre avec lui. Stéphane et Dominique se lançaient des allusions comprises d'eux seuls et qui provoquaient leur hilarité. Dominique s'excusa.

— Nous étions en train de parler d'autrefois. Nous avons fait les Beaux-Arts ensemble.

— Dominique, c'était quelqu'un, intervint Stéphane. Tu te rappelles la grosse Jaja.

Nouveau fou rire.

— Pardon, dit Dominique. Nous nous conduisons comme des malappris. Mais je m'attendais si peu à tomber sur ce vieux Stéphane ! Alors, le passé nous remonte à la tête. Il paraît que tu construis des bateaux ! Moi, je peins. C'est moins noble.

— Ne l'écoutez pas, coupa Stéphane. Il est en train de devenir célèbre.

Je crois bien que je pourrais reconstituer mot pour mot cette conversation. Le café autour de nous, le mouvement des voitures, les piétons au carrefour, la queue devant le cinéma, en face. J'étais comme une cire. Je voyais tout. J'entendais tout. Dominique, à ma droite, battait sur le marbre une légère marche, du bout des doigts. Il sentait l'eau de toilette. Il suivait des yeux, tout en parlant, les passants, et il m'expliquait sa conception de la peinture. Ce qu'il disait m'intéressait très peu, mais j'aimais sa voix, près de mon visage, à cause du bruit.

— Au fond, résuma-t-il, c'est très simple. Ce qui ligote l'artiste, c'est qu'il porte sur les choses un

34

regard d'homme. Pas moyen de sauter par-dessus l'humain, sinon on le réduit en miettes. Voyez Picasso. Alors, ce qu'il faut découvrir, c'est le regard de l'animal et son innocence. Prenez le regard d'un insecte comme l'abeille et peignez son monde de couleurs, qui sont en même temps des formes. Vous imaginez un champ de soleils perçu par ses multiples yeux. Quelle splendeur ! Quelle ivresse ! Van Gogh a essayé. On l'a traité de fou. Mais non ; il ouvrait la voie. Moi, je veux aller plus loin.

— C'est passionnant, dis-je poliment.

— Et le croiriez-vous ? continua-t-il. J'ai un public.

— Je pense bien, intervint Stéphane. Les musées se l'arrachent. Tel que vous le voyez là, il gagne des millions. Si seulement il voulait me sponsoriser !

— Allons, dit Dominique, n'exagérons pas.

— Où exposes-tu en ce moment ?

— A New York, chez Krell and Colman. Et après, à Tokyo, et puis après...

Il eut un grand rire d'enfant gâté.

— Où Dieu voudra. Et vive la vie !

Stéphane se leva.

— Bon, tout ça c'est bien joli mais j'ai un avion à prendre. Alors, mes enfants, continuez sans moi. Tu devrais montrer à Christine tes dernières œuvres. Au fait, où habites-tu maintenant ?

— J'ai un petit appartement, dans un hôtel, rue des Saints-Pères. Il le faut bien, pour recevoir mes visiteurs.

Il se tourna vers moi.

— Si ça vous dit, Christine ?

Mon nom était venu sur ses lèvres avec tant de naturel que, subjuguée, je n'hésitai pas un instant. Nous sortîmes. Stéphane arrêta un taxi, nous serra la main.

— On se reverra, Dominique.

— Bien sûr. Pourquoi pas ?

Et Dominique me prit le coude et m'entraîna comme s'il voulait diriger les pas d'une aveugle. Mais c'était bien ce que j'étais. Je sentais, dans tout mon corps, qui, malgré moi, s'appuyait sur lui, à quel point j'étais consentante. Et lui, qui me faisait vibrer comme un musicien son violon, glissa sa main le long de mon bras, la laissa remonter jusqu'au nid tout chaud de l'aisselle, tandis qu'il pressait le pas. Le bruit des voitures nous empêchait de causer. Il me poussa comme une captive vers l'ascenseur. J'avais hâte d'être plus que sa prisonnière. Son butin !

Maintenant que tant d'événements se sont succédé, je m'interroge toujours. Que s'est-il donc passé ? Comment une femme pondérée, réfléchie et nullement en quête d'aventures, peut-elle ainsi s'abandonner, et non pas comme quelqu'un qui s'accorde une passade, se permet de perdre un peu la tête, mais comme une professionnelle de la volupté qui s'efforce de retenir son partenaire par toutes les ressources d'un art d'aimer instinctivement retrouvé.

Et où avais-je puisé l'audace de téléphoner chez moi pour dire que ma mère n'allait pas très bien et que je restais chez elle, boulevard Saint-Germain, pour la soigner et pour l'aider. Mais je voulais passer la journée et la nuit avec Dominique. Sans force, entre ses bras, j'étais farouchement décidée à le garder. Tant pis pour Bernard. Qu'il lui vînt l'idée de téléphoner chez ma mère, et ce serait la catastrophe. En même temps, je savais dans ma pauvre tête que Dominique ne cherchait en moi que son plaisir. Dès qu'il en aurait assez, il me planterait là, avec d'aimables mots de tendresse. Il n'en était pas avare. Et de caresses non plus. Je sentais sur ma peau à quel point il avait l'habitude des femmes. Et cela même me plaisait. Je débordais d'une joie grondante qui ne souffrait aucune restriction. Peut-être était-ce cela, le rut ? Il faut peut-être qu'on fasse l'expérience, un jour, de cet égarement qui balaie tout, pudeur, dignité, et d'abord prudence. Plus j'y pense et plus je crois que ce qui nourrit ce feu intérieur, c'est le sentiment du danger. Il y avait en moi, cette nuit-là, l'emportement torrentiel qui bloque les réflexes du kamikaze. Je fonçais sur l'obstacle, et l'obstacle, c'était moi.

— Tu es une drôle de femme, me dit Dominique. Mais c'est bien agréable.

Et une voix, en moi, répondait : « Goujat », et une autre murmurait : « Je t'aime. » J'étais perdue en pleine romance, épuisée et fébrile, mais une merveilleuse lucidité me dictait ma conduite. D'abord, prévenir ma mère. Je l'appelai de la chambre, tandis que Dominique faisait courir ses lèvres sur mon flanc nu.

— Allô, maman. Si par hasard Bernard te téléphone, tu lui répondras que j'ai passé la nuit boulevard Saint-Germain.

— Toi, ma petite, tu es avec un homme, dit-elle. Raconte.

— Pas le temps.

Je raccrochai et m'habillai en vitesse.

— Chris... Ne t'en va pas si vite.

Lui, il savait me chuchoter : Chris, et je faillis me recoucher. Mais je lui échappai.

— Tu comprends. Il faut que j'apparaisse à la maison, le temps de prendre quelques affaires et de rassurer mon mari. Après, je disposerai de ma soirée et de ma nuit.

— Chris à moi, tu sais, j'aurais bien voulu, mais ma soirée est promise.

— A qui ?

Voilà que je demandais des comptes, que j'étais prête au coup de griffe, au coup de dent. Il rit d'un air fat.

— Oh! sois tranquille! C'est un rendez-vous d'affaires. Un Argentin qui veut m'acheter une toile.

Il se leva d'un bond souple. Il était nu et n'y faisait pas attention. Est-ce que j'existais pour lui? Mais est-ce que j'existais sans lui? Il me prit par la main et m'emmena dans le petit bureau qui communiquait avec la chambre. Le long du mur, près d'un secrétaire, quelques tableaux étaient rangés. Il en retourna un.

— Celui-là, qu'est-ce que tu en penses? Attention! Ce n'est pas de l'abstrait. Mais ce n'est pas non plus du figuratif... Ce sont des orchidées perçues dans l'ultra-violet. Le point de vue du colibri si tu préfères.

Il saisit le tableau à deux mains, et bras tendus, le contempla longuement.

— Dans vingt ans, murmura-t-il, ça n'aura pas de prix. Allez, file. Va rejoindre ton bonhomme. Qu'est-ce qu'il fait?

— Le commerce des timbres.

— Ouais... Je vois.

De nouveau, ce petit rire, vaguement insultant, qui nous effaçait, Bernard et moi.

— On se verra après le déjeuner, décida-t-il. Au bar, en bas.

Très à l'aise, il alluma une cigarette, porta ma main à ses lèvres.

— A tout à l'heure, Chris. Mais avant de partir, tu devrais bien surveiller ton maquillage. Tu permets que je me remette au lit. Je me suis un peu trop dépensé.

Mais à quoi bon poursuivre. Je ne rapporte ici que les détails les plus révélateurs. J'étais folle de lui et il s'amusait de moi. Ma vie ne fut plus qu'un long mensonge. Je me rappelle ce premier soir, mon premier soir de femme adultère. Tandis que je me déshabillais, Prince qui, d'habitude, m'évitait, s'approcha lentement de mes pieds et les flaira longuement. Bernard le prit dans ses bras et l'installa sur son lit.

— Elle sent le dehors, dit-il. Le trottoir. La rue.

Je protestai :

— Pas plus que les autres jours.

— Tu crois ça ?

Il n'y avait, dans ses paroles, aucun sous-entendu. La preuve, il me demanda des nouvelles de ma mère avec une réelle sollicitude. Il était, comme à l'accoutumée, attentif et affectueux. Et moi ?... Mais je l'ai dit et c'est vrai. Pas trace de remords. De la honte mêlée de joie. Il me dit bonsoir avec sa gentillesse habituelle. Je répondis sur le même ton. Je me découvrais soudain un pouvoir de dissimulation qui me rassura. A l'avenir... Mais ce mot s'immobilisa dans ma pensée. Quel avenir ? Dominique n'était pas homme à s'embarrasser d'une maîtresse. Encore moins d'une femme. Déjà, je l'entendais rire si je lui offrais de divorcer. Je n'y songeais d'ailleurs pas une seconde. C'était une vie qui commençait à côté de ma vie, sans possibilité de passer de l'une à l'autre, ou d'effacer l'une au profit de l'autre. Et chacune, tour à tour, me réservait sa douleur. Il n'y avait pas de solution. Aussi me résignai-je à n'en pas chercher. Les jours suivaient les jours comme une procession de pénitents. Je rencontrais Dominique à la sauvette ; le temps de me livrer à lui. Je retrouvais Bernard, son chat, sa mère, pour des repas que j'expédiais le plus vite possible, sous prétexte que je n'avais pas faim.

— Vous n'êtes pas souffrante ? questionnait Mme Vauchelle.

— Non. C'est la chaleur qui me fatigue.

Et boulevard Saint-Germain, c'était ma mère qui me faisait la leçon.

— Tu te conduis comme une gamine. Si on apprenait la vérité chez les Vauchelle !...

Pour elle, il n'y avait ni Bernard ni sa mère, mais le bloc Vauchelle qu'elle ne portait pas dans son cœur. Elle n'insistait pas car elle était tout entière à sa bataille contre Stéphane. Elle se contentait de hocher la tête en me regardant, comme si j'avais été atteinte d'un mal incurable.

O combien incurable ! Malgré ma folie, je me rendais bien compte qu'il y aurait bientôt une cassure, que mes forces m'abandonneraient d'un coup, comme flanche un cœur surmené. J'en arrivais même à le souhaiter. Le soir, Bernard s'attardait parfois au pied de mon lit. Il me contemplait avec envie et désespoir.

— Tu as maigri, Christine.

Il avançait la main pour me palper le bras ou l'épaule ; en vérité pour me toucher, et je devais prendre sur moi, m'efforcer de ne pas me dérober. Ce qui appartenait à Dominique n'était qu'à Dominique. Après... Je préférais ne pas savoir ce qui viendrait après.

Et pourtant, cet « après » fut là, brutalement, dans la chambre de Dominique. Je vis, en entrant, sa valise ouverte sur le lit et je dus me retenir à la porte.

— Tu pars ?

— Oh ! dit-il, pour quelques jours ! Il faut que je passe à la galerie, chez Krell.

— Quand ?

— Mais tout à l'heure. L'avion de New York est à quatre heures.

— Si je n'étais pas venue, tu serais parti comme ça, sans me prévenir ?

Il m'enlaça, me berça, tout en m'embrassant sur les yeux, pour m'empêcher de pleurer.

— Tu sais, Chris, je serai de retour la semaine prochaine. Il ne s'agit pas d'un voyage, ni même d'une absence. Mais d'un déplacement. D'un saut de puce.

J'eus l'intuition instantanée qu'il mentait, qu'il me jetait par-dessus bord et qu'il ne reviendrait jamais. Je parvins sans m'effondrer à murmurer :

— Je t'accompagne à Roissy.

Je sentis sa gêne, mais elle fut brève.

— Bien sûr, s'écria-t-il. J'y compte bien. De toute façon, je t'aurais téléphoné chez ta mère. Au fait, comment va-t-elle ? Son rhumatisme ?... On s'entendrait bien, elle et moi, si on avait le temps de se connaître un peu. C'est une femme d'expérience.

— Pas moi ?

— Non. Pas toi. Tu es bien trop sentimentale.

Il riait sans se forcer, plus à l'aise que jamais dans sa peau. Il commanda un taxi à la conciergerie.

— Deux heures et demie. Mais il faut compter avec les encombrements. Allez, Chris. En route. Et ne fais pas cette tête d'enterrement.

A partir de maintenant, que mes lecteurs le sachent, tout est important. Je voudrais tout noter, l'immense brouhaha du hall, la voix désincarnée qui annonçait les départs et les arrivées, l'odeur de pétrole, le tonnerre lointain des décollages. J'entendais tout, j'absorbais tout et, surtout, je me tenais près de lui pour retenir jusqu'au bout quelque chose de sa présence, et chaque minute m'écorchait. « Il est là, mais dans quarante-cinq minutes il ne sera plus là... Dans trente... Dans vingt-cinq... Et quand il aura franchi le portillon, là-bas, la mort commencera pour moi. » Et inexorablement ce fut la dernière minute.

— A bientôt, Chris.

Nous n'avions plus envie de nous embrasser. Du bout des doigts, il me caressa la joue. Tout était fini. Il disparaissait de ma vie, de ma chair, pour toujours. Des gens pressés me bousculaient. A quoi bon demeurer là plus longtemps ? A quoi bon tout court. Rien n'avait plus de sens.

Je pris un taxi. Je retournai à l'appartement de Dominique et me déshabillai avec la sûreté de mouvements d'une personne sous hypnose. Il y avait encore dans la salle de bains le parfum mourant de son eau de toilette. J'emplis la baignoire puis, toujours avec la même décision mécanique, j'enveloppai une carafe dans la serviette-éponge et, d'un geste de voyou, j'en brisai net le sol. Il était hérissé de pointes acérées. Je me coulai dans l'eau tiède et, sans hésiter, je m'ouvris les poignets.

Je ne mourus pas : la preuve. Et pour me débarrasser de ce détail, je dois préciser que la baignoire
déborda, que l'eau coula dans le couloir et qu'on
accourut ; mais j'avais depuis longtemps perdu
connaissance. J'étais, au dire du médecin, à toute
extrémité. Je laisse à ceux qui me liront le soin
d'imaginer la scène (qui ne présente aucun intérêt) :
l'arrivée discrète des prompts secours, les premiers
soins, l'évacuation en toute hâte de la civière, la
clinique, etc. Pendant ce temps, j'étais ailleurs. Et
c'est cet ailleurs-là qui fait l'objet de ce rapport.

Je dis bien : ailleurs. Pas du tout le néant où
s'engloutissent en général les accidentés de la route,
par exemple, ou même plus simplement les patients
qu'on endort avant une opération. Quand, vidée de
mon sang, j'allais fermer les yeux, la pièce où j'agoni-
sais s'assombrit. Je voyais encore le lavabo, la tablette
de verre sur laquelle Dominique rangeait sa brosse à
dents et son rasoir électrique, la glace qui reflétait le
plafonnier, mais peu à peu la lumière pâlit, comme si
une baisse de courant avait annoncé une panne
prochaine. Et ce fut l'obscurité.

Pas encore, cependant, l'inconscience. Je savais que

j'avais froid. J'étais encore capable de remuer mes doigts, ou du moins je pouvais encore les remuer dans ma tête. Et enfin je me sentis glisser. Pas parce que l'eau qui emplissait la baignoire me soulevait et me faisait flotter. Non. Ah ! c'est ici que les mots commencent à trahir ! Je glissais sur une pente et maintenant que je me concentre sur cette impression dont j'ai gardé le souvenir, en me jurant de ne pas l'oublier, je l'affirme : je glissais, mais pas du tout comme quelqu'un qui vient de perdre l'équilibre et qui tombe. Plutôt comme quelqu'un qui prend son élan, et, encore, ce mot n'est pas tout à fait vrai car pour prendre son élan il faut déployer de l'énergie. Or, je glissais sans effort, comme un duvet qu'une brise soulève. Je me sentais aidée, aspirée. Et soudain je me vis en dessous... Qu'on m'entende bien. En dessous, cela signifie à la lettre que je me survolais. Il y avait, dans la baignoire rougie par le sang, une femme qui était moi, et il y avait, je n'ose pas dire « suspendue en l'air » une femme qui regardait et c'était moi. Mais la preuve que je ne rêvais pas, c'est que j'étais capable de protester. Je pensais : seuls les saints ont le droit de voler. Cela ressemblait à une sorte de refus. J'étais choquée, comme si je me jugeais indigne d'une faveur imméritée. J'insiste bien sur ce point. Je n'étais pas d'accord avec ce qui m'arrivait. Bien entendu, la scène ne m'étonnait pas outre mesure. J'avais nettement conscience de mon identité. Il n'y avait pas deux Christine, mais simplement une Christine dédoublée. Autrement dit, j'étais sortie de mon corps. Soit. Mais j'en était sortie à contrecœur. Donc, je conservais quelque chose de ma vie antérieure. J'étais bien morte, sans le moindre doute. Restait cependant que j'étais morte en état de rébellion, en quelque sorte, et cela me gênait beaucoup, comme si... (qu'on veuille bien me pardonner tous ces « comme si », mais j'ai besoin à chaque instant de points de comparaison), comme si je risquais d'être mal reçue, là où j'allais.

Car de toute évidence j'allais quelque part. Le mouvement qui m'entraînait ne me laissait aucune possibilité de m'attarder. Je dérivais (je ne me sers de ce mot qu'avec beaucoup de méfiance) vers le mur du fond de la salle de bains. Un dernier coup d'œil et, sans effort, sans douleur, sans fatigue, je fus dans le couloir. Oui, le couloir du premier, avec son tapis rouge, une valise posée au seuil d'une chambre dans laquelle causaient plusieurs personnes et j'étais aussi empruntée qu'une paysanne égarée dans un palace. Que j'aie traversé le mur, simple péripétie. Mais où, maintenant, m'emmenait-on ? J'étais seule dans l'immense couloir, exposée à tous les regards. Aujourd'hui, je peux discuter avec moi-même, critiquer au fur et à mesure tout ce que j'écris. Je jouis du triste privilège de l'être humain qui consiste à nier, ou à considérer comme dément tout ce qui contrarie ses petites habitudes de pensée. Je viens d'écrire « exposée à tous les regards » et une voix m'objecte que de deux choses l'une : ou bien j'étais un fantôme invisible ou bien je raconte n'importe quoi. Mais j'ai de quoi faire taire l'incrédule. De la chambre où j'entendais des voix sortit une jeune femme qui portait sous le bras un minuscule chien de compagnie. Elle venait droit sur moi et elle me frôla sans me voir. Le chien, lui, poussa un aboiement plaintif et se serra contre elle.

— Sage ! dit-elle avec irritation. Sage.

Le chien avait flairé, au passage, l'innommable, et peut-être n'étais-je pas une forme, mais seulement une odeur. Ça flotte, une odeur, ça passe on ne sait comment à travers les obstacles, ça s'insinue partout

45

et pourtant c'est bien concret. Ce n'est pas un fantôme. Ce qui est subtil n'est pas forcément imaginaire. Voilà ce que je me répète quand je m'accuse de broder, de mentir, ce qui se produit encore très souvent, surtout quand me remonte en mémoire l'expérience à proprement parler incommunicable que je dois cependant essayer de rapporter.

Je stagnais donc au milieu de ce couloir ne sachant où me cacher et comprenant en même temps que j'étais déjà cachée par suite de mon état fluide. Puis je remarquai que le fond du corridor baignait maintenant dans une sorte de fluorescence et j'étais poussée de ce côté par un souffle très léger, et comment exprimer cela ? Par un souffle de joie. C'est bien cela. J'étais devenue une bulle voyageuse qui tirait de ce déplacement voluptueux un immense plaisir. Le plus curieux, c'est que l'hôtel continuait à vivre autour de moi. Je n'étais nullement retranchée du monde. J'entendais monter et descendre l'ascenseur, et je croisai le garçon d'étage qui téléphonait à l'angle du couloir où l'attendait, posé sur la moquette, à ses pieds, un plateau portant tasse, théière, toasts, tous les éléments d'une collation. La luminosité, autour de moi, augmentait et bientôt je me mis à avancer dans une sorte de brume éclairée de l'intérieur. Qu'on essaie d'imaginer un nuage brillant qui était en moi et aussi devant moi, derrière moi ; un nuage intelligent qui avait pour moi de l'amitié, car il chuchotait : « N'aie pas peur ! » Je ne me dissimule pas que tout cela peut sembler aberrant. Et pourtant rien de plus simple. J'étais devenue de la pensée-matière. J'étais à la fois en dehors et en dedans, ce qui est sans doute l'état normal des spectres. Et les témoignages abondent, qui les concernent et que des savants prennent très au

46

sérieux. Alors, pourquoi ce compte rendu serait-il suspect ?

Tout à coup, j'eus le sentiment que je n'étais plus dans l'hôtel. Je sentais autour de moi un espace fait de clarté et de sonorité. Ici, je dispose d'un élément précis de comparaison. A l'âge de quinze ans, j'avais appartenu à un groupe d'amateurs qui se produisaient sur un petit théâtre du sixième arrondissement. J'étais à l'époque affreusement timide. Or, il arriva que je dus remplacer une camarade frappée d'un deuil. J'avais à réciter un monologue, ou plutôt une fable de La Fontaine, et j'avais tellement peur que je me sentais au bord de l'évanouissement. On me poussa sur la scène. De la coulisse, une voix m'encourageait. « N'aie pas peur. N'aie pas peur. » La rampe, illuminée, m'aveuglait. Au-delà d'une espèce de barrière de feu, je n'apercevais qu'un trou d'ombre. Que dis-je ? Une caverne de nuit d'où montait la rumeur de la foule. Machinalement, j'avançai de quelques pas et je perçus, à mes pieds, la voix du souffleur qui criait à demi : « Pas par là, tu vas tomber. » Eh bien, quelque chose d'analogue était en train de m'arriver. Même barrière de lumière. Même impression de vide habité. Mais avec, en plus, une espèce indéfinissable d'harmonie. La clarté, plus douce en même temps que plus impérieuse, elle était là pour moi. Pour me guider en même temps que pour me retenir. Une espèce de tendresse dans la sévérité, si j'ose dire, et qu'on ne m'en veuille pas si je dis mal. La voix s'était tue. Je fis un pas, deux pas. Je n'avais pas de pieds, pas de mains non plus, et sans doute pas de visage, mais j'implorais, j'étais comme une suppliante, à demi courbée ; dans l'attitude de la prière. De toutes mes forces, je désirais aller plus loin, traverser ce rideau de flammes, rejoindre les élus qui m'attendaient au-delà.

Pourquoi les élus ? Je l'ignore. C'est le mot qui me vient à l'esprit. Mais j'étais sûre que le bonheur était là, une fois franchie cette frontière scintillante. C'est pourquoi je voulais tellement m'arracher à cette condition servile de la vie dans un corps fût-il réduit à l'état d'impalpable vapeur. Mais plus je m'évertuais et plus je me sentais repoussée. Je devrais plutôt dire : refusée, comme on est refusé à un examen. A ma joie succédait maintenant une pénétrante douleur. Je murmurai : « Quand ?... Quand pourrai-je ? »

Et la réponse vint, une réponse répercutée comme par plusieurs échos : « Plus tard. Quand tu seras libre. »

Et puis j'entendis une autre voix, tellement lointaine, celle-là, qui disait : « Elle revient. » Et une autre qui répondait : « C'est un miracle ! »

J'ouvris les yeux. Une salle d'opération. Des hommes coiffés de calots, muselés de blanc, des chocs d'instruments sur de l'émail, des tuyaux rampant jusqu'à mon bras. J'étais de retour au bagne.

— Elle pleure, fit une voix derrière son masque.

— Si elle savait d'où elle revient, dit quelqu'un, elle nous sauterait au cou, l'idiote.

Ensuite, je m'endormis du sommeil de ce monde. Ils m'avaient bourrée de somnifères et j'étais amputée de toute conscience. Quand je revins à moi, je dus m'ajuster, me mettre au point comme une longue-vue déréglée. J'étais seule dans une chambre d'hôpital. J'avais trop chaud. Je voulus repousser le drap et alors j'aperçus mes poignets bandés et aussitôt l'image de Dominique bondit sur moi.

J'étais encore si faible que mes larmes de détresse ne remontèrent pas jusqu'à mes yeux. Elles me brûlaient en dedans. Je sanglotai à sec, comme une damnée. J'avais oublié mon voyage hors du temps. Je savais seulement qu'il s'était passé quelque chose dont le souvenir me reviendrait si je me montrais patiente. Ce serait plus qu'un souvenir. Ce serait une récompense. Surtout, je ne devais pas me tourmenter, ni m'agiter, ni me désespérer parce que la mort n'avait pas voulu de moi. Mais tout cela brumeux, confus, incertain, si bien que je préférai me rendormir.

Quand je refis surface, il y avait, près de moi, un homme d'un certain âge, glabre, chauve, sévère. Il me regarda longtemps puis s'assit à mon chevet.

— J'ai réussi une fois, dit-il. Mais deux, non. Personne ne le pourrait. Vous allez me promettre de ne pas recommencer.

Je fermai les yeux pour lui indiquer que j'avais compris. Il continua, d'une voix chuchotée de confesseur :

— Quand on est au bout du rouleau, pas de famille, pas d'argent, pas d'amis, quand on est seul, abandonné, sans avenir, je comprends, à la rigueur, qu'on se drogue et puis qu'on désire disparaître. Mais pas vous ! Je suis bien renseigné. La vie vous a tout donné. Quand vous irez mieux, vous me direz sans doute que vous étiez déprimée. Eh bien, on vous soignera.

Il se pencha sur moi et d'un ton plus sévère :

— Sachez-le. Il s'en est fallu d'un rien qu'on ne puisse plus vous rattraper. Le cœur en panne, vous étiez déjà de l'autre côté.

J'eus la force de penser : l'autre côté ! Il parle vraiment de ce qu'il ignore. Il reprit :

— C'est promis, n'est-ce pas ?

Je réussis à articuler :

— Merci, docteur.

Il haussa les épaules, comme si j'avais proféré une

imbécillité, puis il sourit, se leva, me considéra encore une fois, et murmura :

— Ç'aurait été dommage.

Et j'avais assez de lucidité pour lui être reconnaissante, au fond de ma faiblesse, de ce regard d'homme et non plus de médecin. Une infirmière entra.

— Pas de visite avant demain, lui dit-il. Et encore. Le mari et la mère. Cinq minutes. Et pas de question du genre : Pourquoi as-tu fait ça ? Tu n'étais donc pas heureuse avec nous. Qu'on la laisse tranquille. C'est clair.

Et je lui sus gré, aussi, de ces paroles. J'allais avoir un répit pour réfléchir. Leur expliquer quoi ? Ma mère, j'étais sûre qu'elle comprendrait. Mais Bernard ? Envers lui je n'avais que des torts.

Encore une fois, je m'enfonçai dans le sommeil. Et je revins à moi. Et je me rendormis et j'émergeai encore une fois et j'aurais voulu que ce sinistre jeu de cache-cache durât longtemps pour m'éviter un examen de conscience que je pressentais horrible.

Je laisse de côté, ici, tous les détails qui ne relèveraient que du bavardage... Les soins, les pansements qui me faisaient souffrir...

— Les cicatrices ne seront pas belles, m'avertit mon médecin, toujours bourru. Si encore vous aviez pris un rasoir ?

Nelly, l'infirmière, si attentive et que mon cas intéressait tellement... Les lettres de sympathie adressées à Bernard, tout ce qui formait la trame des jours et surtout des nuits où me guettaient, en dépit des remèdes, des crises d'insomnie qui m'assassinaient d'images cruelles ; notamment celles de Roissy... Mais je ne peux pas laisser de côté les visites de Bernard. Elles me déchiraient. Les premières parce qu'il n'osait pas parler. Il donnait à Nelly les fleurs qu'il m'appor-

tait chaque fois. Il me touchait du bout des doigts. Il
s'asseyait, me regardait, essayait de sourire, puis, au
bout de quelques instants, sur un signe de l'infirmière,
il sortait à reculons en agitant la main comme si un
train m'avait emportée. Enfin, les autres visites, les
inévitables, celles où il avait le droit de me dire... Bref,
je m'attendais à des reproches. Ce suicide, dans une
chambre louche, cela évoquait tellement l'idée d'une
liaison qui finit mal que le malheureux ne pouvait pas
ne pas me soupçonner. Et d'ailleurs la police essaya de
savoir ce qui s'était passé. Discrètement, je dois le
dire. Puisque Bernard semblait tout prendre sur lui,
c'est à lui qu'il s'en prit.

— Tout cela est ma faute, Chris. Je n'ai pas compris
que je te rendais malheureuse.

Avait-il soupçonné la vérité ? Je crois plutôt qu'il la
refusait de toutes ses forces. Et je préférais me taire.

— Je voyais bien, poursuivait-il, que tu étais préoc-
cupée ; loin de moi. Mais nous aurions dû nous
expliquer, franchement. Et d'abord, j'ai eu tort de te
confier ce travail de secrétariat. Il t'obligeait à respecter une espèce d'horaire et je savais pourtant à quel
point tu tenais à ta liberté.

— Non, Bernard. Ce n'est pas ça.

— Eh bien quoi, alors ?

— Un coup de folie, un coup de sang, un coup de je
ne sais quoi.

— Ton médecin est aussi perplexe que moi. Il croit
qu'il y a entre nous un grave dissentiment.

— Mais non.

— C'est ce que je lui ai dit. Il pense que je devrais
consulter un sexologue. Il a peut-être raison. Ça me
coûterait, mais si tu y tiens... Il prétend que si nous
avions un enfant...

Pauvre Bernard ! Il me faisait tant de peine... Et

maintenant, il se délivrait de toutes ses arrière-pensées, et c'était affreux. Il insistait.

— On pourrait, tu sais. La médecine maîtrise la procréation, aujourd'hui.

— Tais-toi. Je t'en prie.

— Oh! pardon! J'oublie que tu es encore fatiguée.

En vérité, j'étais épuisée et les visites, pendant deux jours, furent interdites. J'inquiétais le docteur et les infirmières. Grâce aux transfusions, j'aurais dû reprendre rapidement des forces et pourtant je traînais, sans appétit, sans courage. Je ne pouvais m'empêcher de revivre, vaille que vaille, ma désincarnation momentanée. L'immense, la torrentueuse joie que j'avais éprouvée à la seconde où j'allais m'élancer pour franchir la frontière de la lumière — et ça, je m'en souvenais avec une hallucinante précision — me donnait envie de recommencer. Ma vraie patrie, c'était là-bas, où avait retentit la voix qui m'avait repoussée. Pourquoi? Pourquoi est-ce que je ne méritais pas?... Quelle faute avais-je commise? Que signifiait : « Quand tu seras libre? » Libre de quoi? De qui? Et ça prendrait combien de temps, cette mystérieuse libération? « Plus tard! » avait dit la voix. C'était quand, plus tard? Quelles épreuves m'attendaient encore? Non, décidément, je n'avais pas faim.

— Il faut vous forcer, me grondait Nelly. Vous n'avez donc pas hâte de vous retrouver comme avant, belle et désirable.

Moi, désirable! Que Dominique avait plantée là, comme une compagne de rencontre. La colère me colorait les joues. J'aurais dû l'abattre. Et on venait me parler d'un enfant!

Ma mère, quand elle venait, me parlait surtout de Stéphane Legris.

— Les affaires de cœur, mon pauvre enfant, moi

aussi, je sais ce que c'est. Mais les affaires d'argent, ça n'a pas de fin. Tu bouches un trou ici, et il s'en ouvre un autre à côté. Stéphane me ruine, et pas seulement moi toute seule. Vous tous, parce que, si je dépose mon bilan, tu seras, après moi, la première touchée, et ton mari et sa mère et tous ceux qui m'ont fait confiance.

Elle larmoyait un peu. Je me sentais si loin d'elle, si loin de ma vie passée.

— Fiche-le dehors, dis-je, à bout de patience.

— Ah! tu ne connais pas Stéphane! Quand il se met en colère, il est d'une violence!

Elle regardait l'heure, se repoudrait rapidement.

— Je me sauve. A propos, qu'est-ce qui s'est passé avec ta belle-mère? Je l'ai croisée et elle ne m'a même pas saluée.

Je ne voulais surtout pas m'immiscer dans leurs histoires idiotes. Je fermais les yeux, pour lui signifier que je me retirais dans mon petit monde intérieur. Bien petit, en vérité. La salle de bains, la baignoire ensanglantée dont ma tête émergeait comme celle d'une décapitée, et puis le couloir qui conduisait vers une inaccessible vérité. Mon pays perdu et ma terre promise. J'y revenais plusieurs fois par jour, comme un croyant méditant le mystère de la Croix.

C'est ainsi que me vint le désir de voir un prêtre. Je me raconte pêle-mêle; qu'on me pardonne. Mais à l'heure où j'écris je suis si lasse que je perds facilement le fil de mon récit. Et d'ailleurs ceux qui me lisent doivent s'impatienter. Ce qui les intéresse, ce ne sont pas mes démêlés familiaux mais la question, la seule, la vraie : Qu'y a-t-il d'authentique dans cette expérience? Pourquoi n'expose-t-elle pas son cas à quelqu'un de qualifié : religieux, psychiatre, médium, peu importe, mais quelqu'un qui ait quelque lumière sur l'Au-delà, le monde parallèle ou quel que soit son

nom. Je priai donc l'aumônier de la clinique de me visiter.

C'était un homme très âgé, qui sentait la vieille pipe, n'était pas très propre et tâtonnait un peu parce qu'il était myope. Il m'apprit qu'autrefois il avait été aumônier des prisons, sans doute pour me suggérer qu'il pouvait tout entendre. Tête penchée, une main sur l'oreille, en cornet, il m'écouta jusqu'au moment où je me risquai à parler de ma lévitation. Là, il joignit les mains, toussota et dit :

— Je sais, ma fille, je sais. L'hallucination des mourants. C'est fréquent. Vous ne devez plus penser à ça. Etiez-vous pratiquante ?

— Non. J'ai été baptisée. J'ai fait ma première communion et c'est tout.

— Vous n'aviez pas l'habitude de prier ?

— Non.

— Et cette chose... cette vision a duré longtemps ?

— Il me semble, oui. Elle était parfaitement nette. Aucun rapport avec une image de rêve. C'est pourquoi je crois que mon âme s'est libérée de mon corps pendant...

Il m'interrompit avec brusquerie.

— L'âme ! L'âme ! qu'est-ce que ça veut dire : l'âme. Et après ?

Intimidée, j'achevai mon histoire. Il ne bougeait plus. Il semblait réfléchir. Puis il releva la tête et ses yeux, grossis par les lunettes, semblèrent me soupeser.

— Vous avez parlé de cela à votre médecin ?

— Non.

— Et à vos proches ?

— Non.

— Eh bien, je vous conseille de vous taire. On vous traiterait de folle.

— Mais vous, mon père ?

— Moi, ma fille. Je ne me hâterai pas de conclure. Seul le Seigneur a le pouvoir de permettre certaines choses. Tout ce que je peux vous dire, c'est que la voix que vous avez entendue n'est pas la sienne. Mais je n'ose pas non plus vous affirmer que c'est le Démon. Le Démon, je l'ai souvent rencontré, derrière les barreaux. Ce n'est pas son style. Consultez donc un psychiatre. Et priez. Rappelez-vous votre Pater, et cette phrase : *Ne non inducas in tentationem*. Ne nous laisse pas succomber à la tentation. Et vous savez à quelle tentation je fais allusion.

Du pouce, il traça sur mon front un rapide signe de croix. Sa visite me laissa une impression de malaise. Qui avait parlé ? Est-ce que la voix que j'avais entendue était la mienne ? Venue d'un inconscient moribond ? Mais d'abord, jusqu'où étais-je allée dans mon coma ? J'interrogeai Nelly. Elle me répondit avec embarras :

— Tout le monde, ici, est persuadé que, pendant un très court instant, vous avez cessé de vivre. L'enregistrement montrait un tracé plat. J'étais là, quand le Dr Méchin a dit : C'est fini... Cependant, il s'est acharné. Il vous massait le cœur avec rage, et on a vu que le tracé se remettait à bouger. Moi, je suis sûre que vous veniez de mourir et que c'était un miracle.

La brave Nelly ! Elle en avait encore la voix chevrotante et les yeux mouillés.

— Le docteur nous a priés de garder le silence, continua-t-elle. Il redoutait la publicité ; vous savez, les articles à sensation. « La morte ressuscitée » et ainsi de suite.

— Vous me parliez d'un très court instant, dis-je. Combien ? Une minute ? Deux minutes ?

— Je ne sais pas. Et puis, c'est sans importance.

— Oh si ! J'ai failli mourir, d'accord. J'en avais

peut-être les apparences, mais je ne crois pas qu'on puisse mourir pour de bon et revenir en arrière.

Ce fut pour moi une immense déception. Que je me sois avancée jusqu'à l'extrême bord, soit. Mais à aucun moment je n'avais rompu mes amarres et mes visions n'étaient que des fantasmes. Pourtant, cette voix qui m'avait dit : « Pas encore », elle ne venait pas de moi. C'était une voix sortie d'ailleurs. Je l'entendais encore. Mais j'avais lu, quelque part, que certains malades mentaux prétendent qu'on parle dans leur tête, qu'ils ne sont pas seuls. Mon aumônier avait raison. J'avais sans doute été folle, le temps d'un dernier soupir. Autrement dit, j'avais raté mon suicide comme j'avais raté ma vie. Je n'avais plus qu'à rejoindre le troupeau. J'en aurais quand même le cœur net. J'irais consulter un psychiatre.

Je consentis à m'alimenter normalement. J'avais hâte, maintenant, de partir. Stéphane, la veille de mon départ, m'apporta des fleurs.

— J'ai été retenu par mes affaires, expliqua-t-il. Mais je vois que vous êtes guérie. Peut-être, alors, pourriez-vous me rendre un service ?

— Moi ?

— Oui. Essayez de calmer votre mère. Elle ne cesse pas de me mettre des bâtons dans les roues. Elle est vraiment d'une autre génération.

— Que puis-je faire ?

— Lui conseiller fermement de me laisser travailler à ma guise. C'est moi ou la fin d'Antibes. Promis ?

— Oui. En échange, j'aimerais savoir...

Oserais-je ! N'oserais-je pas ? Je me décidai en tremblant.

— J'aimerais savoir... pour Dominique ?

— Oh ! Dominique ! J'ai lu qu'il était la coqueluche des Américaines. On n'est pas près de le revoir.

56

Tout à ses problèmes et à ses ambitions, c'est à peine s'il remarqua ma pâleur.

— Faut vous remplumer, ma chère amie. Merci. Et à bientôt.

J'ignorais alors quelle place il allait prendre dans mon existence.

J'allai donc voir un psychiatre, le Dr Lachaume, dont plusieurs de mes amies m'avaient dit le plus grand bien, autrefois. Je précise : autrefois, car j'avais l'impression qu'on m'évitait, maintenant. Et moi-même, je ne tenais pas à renouer des liens qui d'ailleurs n'avaient jamais été bien étroits. Dès que je devinais, dans les yeux de ceux ou celles qui m'approchaient, la question, toujours la même : Qu'est-ce qui vous a pris? je devenais désagréable. Je laissais entendre que je restais sous le coup d'une dépression sévère et comme c'est un mot au pouvoir magique, personne n'insistait.

La mère de Bernard, notamment. Elle, d'habitude si curieuse, ne m'avait posé aucune question. Mais son opinion était faite. Je l'entendis, un jour, qui téléphonait à quelque relation : « C'est un grand malheur. Mon fils préfère se taire, mais je vois bien que la pauvre petite a quelque chose. » Cette expression, dans sa bouche, signifiait : « La pauvre petite est complètement folle »; et, en un sens, cela m'arrangeait. Je n'étais pas forcée de feindre. Mon entourage était bien obligé de m'accepter, telle que j'étais, sortant de la clinique, maigre, taciturne, distraite.

J'avais repris ma place auprès de Bernard, parce que, pendant que je faisais joujou avec les timbres, je ne pensais à rien d'autre. Mais, dès que je me retrouvais seule, et surtout le soir, au lit, je recommençais mon tour de piste, comme un chien savant : la baignoire, le corridor, la lumière, la voix sortie de la nuée, parlant comme un oracle. « Plus tard, quand tu seras libre. »

N'étais-je donc pas libre ? Eh non, j'avais sur le dos ma mère et ses démêlés avec Stéphane ; ma belle-mère me grimaçant des sourires qui valaient des morsures ; Bernard, toujours inquiet, toujours taraudé de son côté par la question sans réponse : Qu'est-ce qui lui a pris ? Et je sentais naître un soupçon qu'on aurait déjà dû voir surgir : Avait-elle un amant ?

Certes, tout le monde sait, grâce à d'innombrables articles dans les magazines, que la dépression peut survenir sans aucun signe avant-coureur. Une sécrétion cérébrale défaillante, une erreur d'aiguillage dans la mécanique de l'hérédité, oui, bien sûr. On sait cela. Mais on sait aussi qu'une femme jeune, belle, riche, ne s'ouvre pas les poignets sans une autre raison. Elle avalerait plutôt des somnifères. Comment expliquer son geste sauvage s'il n'y avait pas...

Si bien que je faisais un peu peur. Et c'est pourquoi je me décidai à consulter un médecin. Je ne m'en cacherais pas, et quand Bernard m'interrogerait, je lui répondrais n'importe quoi, et par exemple qu'il avait raison et que je souffrais de ne pas avoir d'enfant, parce que c'est là un noble motif de neurasthénie. Je lui dirais même — pourquoi pas ? — que j'étais stérile, et il serait tout fier de ne pas être en cause. Bref, n'importe quoi, pourvu que j'écarte les importuns et que je tire au clair ce qui pourrait bien me conduire à une vraie dépression si je ne parvenais pas à me prouver que ce que j'avais vu, je l'avais bien vu.

C'était mon être intime, mon moi, que j'avais à récupérer. J'allai donc chez le Dr Lachaume en espérant de lui quelque explication rassurante.

C'était un homme jeune, affable, pas du tout pontife, très simple, au contraire. L'air d'un ancien bon élève, bûcheur, réfléchi. Certes, je n'ai pas l'intention d'alourdir ce rapport en reproduisant ne fût-ce que les grandes lignes de notre entretien. Les antécédents, familiaux, médicaux, je passe. Mon suicide...

Il m'invita à retirer mes gants qui dissimulaient mes poignets. Il examina mes cicatrices. Je compris qu'il voulait apprécier, d'après leur aspect, le degré, en quelque sorte, de ma résolution. Il leva sur moi des yeux surpris. De toute évidence, je m'étais blessée très gravement. Ma volonté farouche d'en finir se lisait dans ces cicatrices rougeâtres. Ce n'était pas là le suicide d'une jeune femme frivole qui, voulant faire peur à ses proches, rate son coup par maladresse. Il s'agissait, au contraire, d'un acte de désespoir.

— Racontez-moi les heures qui ont précédé votre tentative.

Je le fis, jusqu'aux larmes.

— Là, là, dit-il. Et maintenant ? Vous sentez-vous toujours aussi attachée à cet homme qui vous a abandonnée ? Je m'explique : vous êtes encore bouleversée, je le vois bien, mais éprouvez-vous toujours un désir de vengeance, car, n'en doutez pas, vous avez assouvi sur vous le besoin de vous venger de lui.

Je m'aperçus alors que tout sentiment de rage, tout délire meurtrier, m'avait abandonnée. Restait en moi quelque chose qui ressemblait à une marée basse, découvrant des épaves pourries et des marigots puants.

— Je me dégoûte, dis-je.

— Mais pas au point de regretter qu'on vous ait sauvée ?

— Non. Parce qu'il y a autre chose.

Et je lui racontai le reste, mon dédoublement, la lumière amie, la voix qui m'avait comblée de bonheur.

Il m'écoutait sans marquer le moindre étonnement.

— Si je vous suis bien, reprit-il quand je cessai de parler, vous êtes prise, à l'heure actuelle, entre deux pulsions contraires. D'une part, le désir d'oublier cet homme, et, d'autre part, le désir de retrouver cette espèce de joie mystique qui vous semble une suprême raison d'être.

— Exactement.

— Et sans me l'avouer, vous craignez qu'en m'attaquant à votre envie d'oublier je ne détruise en vous tout élan vers la plénitude.

— Non. Ce n'est pas tout à fait cela.

— Eh bien, essayez de préciser.

— Voilà. Ce qu'il faut que je sache, docteur, c'est si la voix qui m'a parlé était la voix de quelqu'un, vous comprenez, la voix d'un être existant ailleurs, ou bien si c'était, si c'était...

Il acheva la phrase.

— Si c'était la mienne. Je ne me trompe pas ?

— Non.

— Vous me mettez dans l'embarras, chère madame. Il ne m'appartient pas de trancher. Supposons que je vous dise : Oui, c'était bien la vôtre et c'est un cas qui se présente fréquemment, quelle sera votre réaction ?... Attention ! Ce n'est qu'une hypothèse.

— Eh bien, je penserai que je suis folle.

— Je vous en prie. Pas ce mot, ici. Je suppose maintenant que cette voix n'était pas une illusion. Alors ?

— Vous me proposez, docteur, de choisir entre deux folies.

— Allons, allons, soyons sérieux. Je n'ai d'autre intention que d'observer votre émotivité, qui est excessive. Nous reparlerons plus tard de la « voix ». Pour le moment, je dois vous aider à vous détendre. Votre mari ?

Je coupai court.

— Il ignore tout.

— Sexuellement ? Comment vous entendez-vous ?

Je faillis m'emporter et de même que l'aumônier de la clinique s'était écrié : « L'âme, l'âme, qu'est-ce que ça veut dire : l'âme » je fus sur le point de protester à mon tour. « Le sexe, le sexe, qu'est-ce que ça veut dire : le sexe ? » C'était fini, pour moi la corvée de sexe. Je me bornai à hausser les épaules. Décidément, ce psychiatre n'était qu'un psychiatre. Et si j'allais en consulter un autre, je me heurterais au même scepticisme. Depuis Jeanne d'Arc, on ne croit plus aux voix. L'hystérie, voilà la clef du mystère. Une femme est abandonnée salement par son amant. Elle s'ouvre les veines. Et elle rêve, par une ultime compensation, qu'une voix d'homme la console. Au fait, ma voix, était-ce une voix d'homme, ou de femme ? Mais, dans l'autre monde, il n'y a plus ni homme ni femme. Soulagement de ne plus être une femme.

Il s'appliquait, le Dr Lachaume. Il cherchait son fil conducteur et visiblement je lui posais des problèmes. Naturellement, il fouilla du côté de l'hérédité. Pas de suicides, dans ma famille ? Pas de maladie incurable ? Pas de ceci. Pas de cela. Le sommeil ? Très agité, bien sûr.

— Ecoutez, conclut-il, nous allons commencer par corriger cette tension dont vous souffrez. Je le vois bien, mes questions vous irritent, en dépit de vos efforts pour vous dominer. D'abord, vous faire dormir ; ensuite nous en viendrons au traitement proprement dit.

Il me donna un rendez-vous auquel j'étais décidée à ne pas me rendre. Je sentais fortement que je faisais fausse route avec la psychiatrie. Cependant, Lachaume m'avait éclairée sur un point. Ou bien ma vision n'était qu'un reflet de mon agonie, et dans ce cas je n'étais nullement débarrassée de Dominique. Son souvenir, toujours aussi vif, allait continuer de me brûler. Ou bien j'avais vu, j'avais entendu quelqu'un et c'était toute ma vie que je devais repenser, réorganiser, en fonction de cette expérience, et, dans ce cas, je devais tous les rejeter par-dessus bord, les Dominique, les Bernard, les Stéphane, et même le chat, les timbres, la belle-mère, toute mon existence, quoi, comme une fille pieuse qui entre au couvent. Bref, c'était Dominique et la mort affreuse sur le bûcher de la mémoire, ou c'était la Révélation poursuivie, la Terre d'élection à ma portée, la joie au bout des doigts. Le stupre ou la pureté.

Ma décision fut prise sur l'heure. J'allais m'adresser à Lucien Bellanger qui avait été mon professeur de latin en Sorbonne, avant de prendre sa retraite. Il s'était toujours intéressé, en marge de sa spécialité, aux phénomènes de la parapsychologie et avait publié, quelques années auparavant, un livre sur les Grands Initiés de l'Antiquité. Si quelqu'un pouvait m'être utile, me guider sérieusement, m'orienter vers ces connaissances que j'avais toujours dédaignées parce qu'elles étaient destinées aux gogos, c'était bien lui. Je lui téléphonai. Il se mit immédiatement à ma disposition, dès qu'il sut que je désirais me renseigner sur ce qu'il appelait « la vie parallèle ». Il m'invita chez lui pour le lendemain quinze heures, tout heureux, je le compris, d'avoir une auditrice.

Bernard était très curieux d'apprendre ce que Lachaume avait trouvé. Je lui fournis un résumé de mon cru, et me gardai d'oublier qu'il m'avait recommandé de consulter un gynécologue. J'ajoutai :

— D'après lui, la meilleure solution serait d'adopter un enfant.

— Tu n'y penses pas ! s'écria Bernard.

— Mais voyons, ne m'avais-tu pas dit que...

— On verra. On verra. Et puis ?...

— Eh bien, je dois retourner chez lui dès demain. Pour le moment, il ne s'agit que de causer... la méthode du divan... Je parle, je parle, et lui essaie de filtrer ce brouet de paroles.

— Et tu as confiance ?

— Pas trop.

— En somme, il te tire les vers du nez, et toi, tu dois lui raconter tout ce que tu me caches.

— Mais je ne te cache rien.

— Oh si !

— Quoi, par exemple ?

— Ce que tu étais avant notre mariage. Ce que tu es, maintenant. Pourquoi tu dis des choses en dormant.

— Moi, je dis des choses ?

— Laisse. Tout cela ne mérite pas plus d'attention que des lettres anonymes. L'important, c'est que tu guérisses vite.

Ainsi, je parlais durant mon sommeil. Je m'en doutais. Il m'arrivait de sentir mon visage mouillé de larmes, la nuit. Je m'éveillais en sursaut, essayant en vain d'attraper la queue de mon rêve. Non, ce n'était pas d'un psychiatre que j'avais besoin, ni d'un érudit en occultisme, mais d'un exorciste. Et pendant ce temps, Dominique, d'exposition en exposition, quelque superbe créature à son bras, menait joyeuse vie.

Si, par hasard, il avait appris mon suicide, j'étais sûre qu'il en aurait éprouvé de l'orgueil.

C'est pourquoi, le lendemain, pendant plus d'une heure, je racontai tout à mon vieux professeur. « Si je suis envoûtée, dis-je, indiquez-moi ce que je dois faire. » Et du geste, j'embrassai sa bibliothèque bourrée de livres.

— Oh ! non, ma chère petite, répondit-il. Rien de plus commun que votre expérience du seuil. Le seuil, c'est ainsi que l'on appelle cette ligne idéale qui sépare l'ici-bas de l'au-delà.

— Bon. Je franchis le seuil et qu'est-ce que je rencontre derrière ?

— La vraie vie.

— Vous voulez dire une vie qui n'est pas la mienne. Qui existe pour de bon.

— Bien sûr.

— Mais vous, vous y croyez ?

— Euh ! J'y crois sans y croire. J'observe des faits. Je lis des statistiques, exactement comme un scientifique qui réfléchit sur des phénomènes mystérieux mais dont l'existence ne peut être mise en doute. Nous ne sommes plus au temps de Conan Doyle, de Flammarion, et de tant d'autres chercheurs terriblement crédules. Tout ce fatras de corps astral, de périsprit, de matérialisation, hérité d'Allan Kardec et de ses disciples, c'est fini. Aujourd'hui, on commence par rassembler et classer le plus grand nombre possible de faits avérés, et les récits des agonisants qui reviennent à la vie après un coma plus ou moins long sont presque innombrables.

— Mais alors, dis-je, d'où vient que personne n'en parle ?

Mon vieux professeur sourit et se roula une cigarette avant de me répondre.

— Voyons, ma chère amie, avez-vous parlé à quelqu'un de votre aventure ? Non, n'est-ce pas ? Et pourquoi ? Parce que sauvée du suicide et encore très faible, vous avez pensé que vous passeriez pour folle. Prenons un autre exemple. D'où vient que l'opinion publique tient pour faibles d'esprit les personnes qui déclarent (non sans se faire beaucoup prier) qu'elles ont vu des soucoupes volantes ? Hein ? J'irai plus loin, ne m'en veuillez pas. Mais si vous étiez sûre d'avoir entendu une voix — je dis bien absolument sûre —, seriez-vous venue me demander mon avis ? Et encore je m'explique mal. Vous êtes certaine qu'on vous a parlé, mais c'est le sens de la phrase qui est pour vous un problème. D'une part, on a parlé, voilà le fait qui retient l'observateur, mais, d'autre part, c'est l'origine du phénomène qui reste cachée. Et là, je remarque que tous les témoignages concordent : cette origine semble bien de nature disons mystique. La preuve, c'est le sentiment extraordinaire de joie qui transporte les rescapés de la mort. Beaucoup regrettent d'avoir été ramenés de force dans cette vie.

— C'est un peu mon cas, dis-je.

— En bien, justement, c'est un élément que la science doit prendre en compte. Ce qui se dégage de milliers de témoignages, c'est qu'il y a une survie qui est exaltante et inoubliable.

Il se leva et fouilla dans le désordre de ses bouquins, tout en crachotant des brins de tabac.

— Je ne vous cite que les auteurs principaux... Dr Kübler-Ross, Drs Osis et Horaldsson. Pr Rhine naturellement, c'est lui qui a fait le plus pour la parapsychologie. Dr Palmer...

— Arrêtez, m'écriai-je. Mais pourquoi rien que des Anglo-Saxons ?

— Ah ! très bonne question ! Eh bien, ma chère

petite, parce que les Français se prétendent cartésiens, ce qui leur donne une mentalité de gabelou. Interdit de transporter et de diffuser des idées qui seraient de nature à nuire au bon vieux matérialisme officiel. Alors, l'Index, la Quarantaine, la Loi du silence.

Il revint s'asseoir près de moi et me prit les mains.

— Rassurez-vous, fit-il. Je vous crois. Et je ne vois pas pourquoi il n'existerait pas un monde meilleur ? C'est une bonne hypothèse de travail. Le problème de la religion est tout différent. Il y a des théologiens pour ça. Moi, ce qui m'intéresse, c'est uniquement le problème de l'activité posthume de notre esprit. Et je trouve passionnante votre expérience.

— Vous comprenez le sens des paroles que j'ai entendues ?

— Très facilement. On a dit qu'on accepterait de vous faire passer dans un état nouveau « plus tard », quand vous seriez libre, c'est-à-dire quand, par votre effort et non sans peine, vous aurez réussi à dénouer les liens qui vous rivent à cette terre.

— Quels liens ?

— Eh bien, cette passion avilissante qui vous a conduite au suicide.

Il sourit, secoua la cendre qui cascadait en brèves étincelles le long de sa cravate.

— En somme, conclut-il, ce sont les voyageurs sans bagages qui sont admis de l'autre côté. Rien de plus moral. Voulez-vous boire quelque chose ?

—. Non, merci. Mais, si vous le permettez, je reviendrai. Je sens que vous m'aidez beaucoup.

— Vous aussi, ma chère enfant.

Il désigna sa machine à écrire et demanda :

— Devinez à quoi je travaille ? A une communication savante sur la Sibylle de Cumes et ses prédictions. Un sujet en or.

Il me reconduisit et je me retrouvai, tout étourdie, sur le trottoir du boulevard Saint-Michel, parmi la foule de l'été. Me libérer de Dominique! Comme si on pouvait, à volonté, se dépouiller, comme d'une vieille peau, de sa mémoire d'écorchée vive. A force de temps, peut-être. Je m'assis à la terrasse d'un café, à côté d'un couple d'étrangers qui riaient très fort et s'embrassaient entre deux gorgées de bière. Allais-je me laisser vieillir au chevet de cet amour mutilé, qui s'entêtait à survivre. Comment faut-il s'y prendre pour perdre le souvenir d'un amant comme on perd une bête au bord d'une route. On se bouche les oreilles, on s'enfuit et c'est fini. Mais moi, je devais rentrer bien sagement à la maison, affronter Bernard et ses questions.

— Où étais-tu, Chris? Quand tu restes trop long-temps dehors, je m'inquiète, tu sais.

— J'étais chez maman.

— Je m'en doutais. Je ne me serais pas permis de téléphoner pour que tu ailles ensuite t'imaginer que je te surveille. Mais c'est plus fort que moi. Je me fais des idées.

— Des idées? Quelles idées?

— Eh bien, je me figure que tu n'es pas bien guérie, que tu songes parfois à recommencer. Tu es souvent si soucieuse, si renfermée.

Voilà ce qu'il disait quand je m'attardais, et cet amour-là, aussi, j'aurais voulu le détruire, mais je me forçais à sourire. Je ne me dissimulais pas à quel point j'étais odieuse avec lui, qui s'appliquait tellement à ne pas me contrarier, qui aurait tellement souhaité satisfaire le moindre de mes désirs, mais je n'avais pas de désirs! Ou plutôt si. M'évader. Courir encore au-devant de cette lumière qui m'avait laissé un goût de béatitude. C'est mal dit, mais puisque cela ne peut se dire, qu'importe.

Bernard m'embrassait sur le front, sur la joue, et je me laissais faire, gentiment, mais en serrant les dents. Le chat miaulait à nos pieds et, pour me punir de ma dureté, je le caressais, en murmurant : « Oui, tu es le plus beau. » Pauvre Bernard ! C'était si facile de lui rendre la paix. Il avait si peu l'habitude des femmes. Notre vie commune reprenait son cours. Je tapais le courrier.

— Tu sors, cet après-midi ?

— Oui. Je compte aller à l'Exposition des impressionnistes.

C'était un genre de curiosité qu'il approuvait. Soucieuse de me cultiver, je ne pouvais évidemment pas nourrir un chagrin secret.

Une fois dehors, il m'arrivait de repasser par certains endroits où Dominique et moi avions marché ensemble.

Je revis de loin la façade de l'hôtel où... Ce coup au cœur, je m'y attendais. Peut-être même étais-je venue exprès pour le ressentir. Et aussitôt se leva en moi, comme des frelons, tout un essaim d'images. Je m'éloignai précipitamment. Je souffrais. Je respirais avec peine. Et pourtant je ne cessais pas de m'observer. Autrefois, c'est le désir qui m'aurait étouffée, le besoin brutal de sa peau sur ma peau, ce qui est le miracle de la présence, ce « maintenant » qu'on prend pour un « toujours ». Cela, désormais, c'était bien fini et j'en tirais quelque chose de très doux, de très pénétrant, qui n'atténuait pas vraiment la douleur de ma blessure mais qui me permettait de la sonder sans frémir.

Ce genre d'examen n'était pas facile à pratiquer parmi les passants qui encombraient les boulevards.

Je me rendis au *Flore*. J'aurais voulu m'asseoir à l'endroit même où Dominique s'était levé, pour faire signe à Stéphane. Pas question. Je me casai tant bien que mal à l'angle de la terrasse. Je n'étais pas là pour boire ni pour me reposer, mais pour tâcher d'y voir clair. Bon. J'avais mal. J'étais seule au monde. Orpheline de l'amour. Mais ce qui était nouveau, c'est que j'avais envie de pleurer, là, devant mon verre de jus de fruits, comme quelqu'un qui, malgré son émotion, est tenté de se raconter. Les mots étaient là, remplaçant le cri. Les mots les plus simples : « Dominique... Tu as eu raison de partir... Nous deux, ce n'était pas possible. » Et j'ajoutai : « Grâce à toi, Dominique, j'ai rencontré une certitude. » C'était la première fois que j'opposais à Dominique la voix qui m'avait dit : « Quand tu seras libre », comme si j'étais devenue le champ clos d'une sorte de duel étrange. Et je ne savais pas encore qui l'emporterait.

Mais le lendemain, je revins au *Flore*. Je repris ce monologue, qui était aussi un dialogue. Et sans grand succès. Dominique était le plus fort. J'avais très mal. Et chez moi, fatalement, on se posait de plus en plus de questions. Bernard me conseillait d'entrer à nouveau en clinique, ou dans une maison de repos. On m'y ferait dormir. C'était, d'après lui, ce qu'on avait trouvé de mieux contre la dépression. Je protestais faiblement. Oui, j'avais mauvaise mine. Oui, j'avais maigri. Mais c'était la suite normale de mon « accident ». Personne, ici, n'aurait prononcé le mot « suicide ». Accident, c'était plus convenable. La mère de Bernard ne l'employait pas sans lever les yeux au ciel, sans doute pour prendre à témoin feu Vauchelle, le commandant Vauchelle dans la Résistance, l'homme des plus belles vertus, dont le portrait traînait au salon et dans la salle à manger. Mais je ne voyais rien ni personne. Je ne sortais pas de mon rêve.

Me vint alors l'idée d'aller à Roissy, d'y faire le pèlerinage qui me sauverait ou achèverait de me perdre. Je m'y rendis bravement et le choc fut rude. Je voudrais dire les choses sans vaine littérature. La vérité, c'est que la tête me tournait, à cause du bruit, des odeurs, du mouvement, de la foule. J'enviais ces gens qui savaient vers quel but ils couraient, ou bien qui se séparaient en riant, en se promettant de prochaines retrouvailles. A pas lents, je refis le trajet qui nous avait conduits tous les deux devant la boutique des journaux. Dominique avait acheté *Time*. Déjà, il rompait avec la France. Avec moi. Le second maillon se rompit quand il acheta un paquet de Camel. Toujours souriant, quoiqu'un peu tendu. Ensuite, il leva les yeux vers l'immense tableau d'affichage où, sans cesse, des chiffres tournoyaient avant d'indiquer l'heure d'un nouveau départ. Le Paris-New York était annoncé, bien entendu. Avais-je cru qu'il ne partirait pas ?

J'allais de plus en plus lentement vers l'endroit où il s'était arrêté pour me dire que c'était là le lieu de notre séparation. Je m'y arrêtai. Si quelqu'un m'avait heurtée à ce moment-là, je serais tombée. Nous étions en face du bureau de la Swissair. J'étais incapable de bouger mais il me restait assez de sang-froid pour faire semblant de fouiller dans mon sac. Je ne voulais pas qu'un observateur de hasard pût me demander si j'avais besoin de secours. Et puis, la crampe horrible qui me nouait la poitrine relâcha son étau. Je compris que Dominique s'éloignait de moi. Voilà. Il n'était plus là. Je me sentis assez de force pour me dire : « Il ne sera plus jamais là. » Et cette pensée, comment m'expliquer, c'était l'arc-en-ciel de ma détresse. Je souffrais mais je pouvais, à mon tour, me déplacer parmi les autres, comme une voyageuse ordinaire. Je me laissai aller sur les coussins d'un taxi. La crise s'atténuait. Le soulagement était comme une promesse de paix. Allons, j'avais eu raison de traiter le mal par le mal.

Je laissai passer plusieurs jours. Bernard, qui ne cessait guère de me surveiller avec sollicitude — il se montrait vraiment bon, dans l'épreuve —, réalisa quelques affaires intéressantes, notamment la série complète de la Poste aérienne du Soudan qu'il vendit à une dame de là-bas, drapée dans une étoffe de reine. Prince me supportait un peu mieux depuis que, lâchement, je lui apportais des friandises. Et soudain l'envie m'empoigna de retourner à Roissy. Allais-je perdre encore une fois toute dignité, ou bien serais-je la plus forte ?

Eh bien, je fus la plus forte. Oh ! de bien peu ! Ce qui m'aida, ce fut le souvenir de « ma » voix : « Quand tu seras libre. » Et je voulais désespérément être libre. Quand l'image de Dominique ne serait plus en moi malgré moi, mais comme une invitée, alors oui, je serais prête. L'être invisible, au-delà de la lumière, pourrait disposer de moi à son gré. C'était ici, dans ce hall bruyant où une invisible speakerine psalmodiait ses poèmes barbares : « Caracas. Les voyageurs sont invités... » Ou bien : « Valparaiso », ou bien : « Singapour »... C'était donc ici, dans le tourbillon des départs et des arrivées, que je serais rendue à moi-même. Encore un effort.

Je revins quatorze fois à Roissy. De visite en visite, je m'affermissais. Je cicatrisais. L'été tira ses derniers feux d'artifice. L'automne s'installait. Mais à quoi bon continuer ? Ce fut, ce jour-là, un après-midi de pluie, qui rendait sinistre l'aéroport. Il y avait du mouillé partout, et même il faisait un peu froid. J'achetai *Time*. J'achetai un paquet de Camel. Je marquai la pause à l'endroit, pour moi historique, de notre séparation. Pas la moindre trace de trouble. Juste un peu d'émotion, comme au pied d'une tombe, à la Toussaint. Je n'osais pas encore me dire que j'étais guérie. Jamais je n'oublierais Dominique. Mais je le pousserais dans un coin de mon cœur, comme un objet un peu encombrant qu'on ne garde que par superstition. Et le temps finirait bien par effacer de mes poignets la trace honteuse de ma servitude? Adieu, Dominique.

Je laissai passer encore un mois. Je voulais vérifier quelque chose. Non, Dominique ne s'était pas retiré de moi peu à peu, cédant la place à une espèce d'indifférence endolorie et pacifiée. Au contraire, à mesure qu'il lâchait prise, j'éprouvais contre lui une violente aversion, et je savais bien que la haine c'est la face convulsée de l'amour. J'avais beau me dire : « Cette liaison, c'est maintenant de l'histoire ancienne. A quoi sert de le détester. Tu n'as pas l'intention de te venger de lui, n'est-ce pas ? », il me prenait des envies de lui écrire, pour l'insulter. Je résolus de retourner à Roissy pour en finir, cette fois, avec cette misérable histoire. Il me restait à tuer tout sentiment de pitié, et à jeter au vent mes souvenirs comme on éparpille les fragments d'une photo trop longtemps contemplée.

Je profitai d'un samedi pour m'échapper. Le samedi après-midi, Bernard avait l'habitude de donner rendez-vous à certains clients importants qui restaient longtemps avec lui, pour le plaisir de regarder des timbres rares, de proposer des échanges, de causer, de discuter, de manier la pince et la loupe. De vrais enfants qui ne se lassaient pas de jouer et qui, en s'en allant, signaient des chèques. Bernard m'embrassa sur les paupières, tendrement. « Ne reste pas trop tard. Et fais mes amitiés à ta mère. »

Boulevard Saint-Germain, j'achetai une nouveauté dont le titre avait déjà retenu mon attention : *Ce qu'ils ont vu au seuil de la mort* et je m'arrêtai chez ma mère. Je la trouvai en larmes.

— Eh bien, eh bien ! que se passe-t-il ?

— Je l'ai mis à la porte.

— Qui ? Stéphane ?

— Bien sûr. Ce n'était plus possible.

Elle sanglotait en se frottant la joue.

— On s'est battus, fit-elle. Je lui ai jeté le cendrier à la figure. Je l'ai manqué, mais pas lui. Il m'a giflée. Oh ! mais il ne l'emportera pas au Paradis. Il y a encore des lois et des huissiers. Il faudra bien qu'il me rende mon argent.

Elle était démaquillée et lamentable.

— Les hommes, dit-elle, tous des ordures. Et lui plus que les autres. Il ferait n'importe quoi pour m'écarter. Il aurait aussi bien pu me tuer, pendant qu'il y était.

— Bon. Il ne t'a pas tuée. Alors, calme-toi. Est-ce qu'il a laissé ses affaires ?

— Non. Il avait un attaché-case mais il est parti avec. Il ne reviendra pas. Il n'est pas homme à reconnaître ses torts. Ma pauvre petite ! Je n'ai pas connu ton Dominique. Mais il ne pouvait pas être pire que Stéphane. Je sens que, moi aussi, je vais faire une dépression.

Je ne prêtais qu'une oreille distraite à ses gémissements. Stéphane, leurs sordides bagarres, leurs conflits d'intérêts, tout ça m'était tellement égal. Je préférai couper court.

— Ecoute, maman. Avale de quoi dormir et couche-toi.

— Et toi, Chris ?

— Je vais prendre l'air et je repasserai voir comment tu vas. Tu m'exposeras, à tête reposée, ce qui t'oppose à Stéphane.

— Mais tout, tout... Tu ne te rends pas compte qu'il nous ruine.

— Bon, bon. A tout à l'heure.

— Tu es tellement pressée ?

Je ne répondis pas et partis. Je trouvai un taxi à la station.

— A Roissy !

Je feuilletai, pendant le trajet, le livre de Karlis Osis et je tombai sur un chapitre concernant les précautions à prendre pour s'assurer de l'authenticité de la survie : 1) Eliminer les facteurs d'ordre médical, mais je n'avais absorbé aucun produit susceptible de provoquer une hallucination. 2) Vérifier l'état du cerveau, mais je n'avais souffert d'aucun trouble cérébral. 3) Un violent état de stress pouvait peut-être expliquer certaines visions. Là, il y avait place au doute, mais je n'avais subi aucune influence due à ma formation religieuse. Le Dr Osis, s'appuyant sur des statistiques précises, notait que dans la plupart des cas les « rescapés » avaient senti ou perçu la présence d'être surnaturels, phénomène dont la psychiatrie traditionnelle ne donnait aucune explication satisfaisante.

Quand la voiture me déposa à l'aéroport, je m'aperçus qu'à aucun instant je n'avais pensé à Dominique, et j'admirai la manière dont mon destin semblait me conduire par la main. Mon destin ? Non. Plutôt l'entité qui veillait sur moi. D'abord Dominique. Ensuite, cette dévorante crise de passion qui m'avait conduite au suicide, et puis la vision, et puis l'influence de mon vieux maître et celle des livres qu'il m'avait prêtés, car (je ne sais plus si je l'ai dit) j'étais retournée plusieurs fois chez lui, et puis l'idée d'aller à Roissy — idée soufflée par qui ? — et puis, maintenant, la guérison prochaine et définitive.

J'en eus bientôt la certitude absolue. Ce fut comme si mon regard avait été changé. Le hall de départ, la hâte des gens, les queues impatientes devant certains guichets, les voix, les sons, les bruits, tout ce qui faisait de cet endroit une espèce de lieu maléfique m'apparut soudain dans sa banale vérité. C'était gris. C'était sale. Ce n'était ni triste ni méchant. Cela n'existait pas. C'était nulle part. Je murmurai « Dominique », pour voir. Rien. Puis je me demandai timidement : « Est-ce que c'est maintenant que je suis libre ? »

Etrange expérience, en vérité, que celle qui nous apprend qu'un être chéri ne compte plus. Il est réduit à l'état de silhouette anonyme. J'étais entourée de Dominique qui s'en allaient, sans faire attention à moi, vers des portillons, des escaliers, qui les conduisaient au néant. Moi-même, je me sentais gagnée par cette impression bizarre de n'être plus rattachée à rien. J'allai m'asseoir à la cafétéria et j'ouvris mon livre au hasard. Je lus : *Le patient raconta qu'il voyait une lumière étincelante ainsi que quelques personnages inconnus.*

Je tournai encore quelques pages.

Son comportement semblait s'être modifié complètement. Il y avait quelque chose dans sa physionomie qui semblait se situer au-dessus de l'humain. Et je tombai soudain sur le passage suivant : *Il vit un homme barbu qui se tenait à l'entrée d'un couloir doré. Il lui faisait signe de retourner d'où il venait. Il disait : « Pas maintenant. Plus tard ! »*

Je restai saisie. Deux personnes qui ne se connaissent pas et qui vivent la même expérience ! Je la tenais, ma preuve. Elle balaya d'un coup les doutes qui traînaient encore dans ma cervelle comme des flocons de poussière sous un meuble. Que m'était-il donc arrivé ? Dominique, je le voyais dans sa vérité de play-boy égoïste et prétentieux. Je le jugeais à bout portant, comme on donne le coup de grâce. Un pauvre type, à la fois malin et bête, exploiteur de la crédulité des gogos. Je lui avais échappé. Je me sentais délivrée, désenvoûtée. La haine s'était muée en mépris. Je commandai un autre café, et je me rappelle que je me dis : « Toi, ma fille, tu ne dormiras pas cette nuit. » J'étais heureuse pour la première fois. Je continuai à lire, à petits coups, un extrait par-ci, une citation par-là. J'avais l'impression d'appartenir désormais à la famille des « rescapés » dont parlait l'auteur, et c'était merveilleux d'avoir été distinguée, désignée comme admise parmi les élus. Tout m'était rendu, la dignité, la bonté, l'indulgence, comme si l'on m'avait relevée d'une condamnation infamante. Je ne dépendais plus d'un autre. Je m'appartenais totalement et c'était forcément cela la liberté.

Je jouissais d'une lucidité presque douloureuse. Tout s'éclairait. Tout ce que j'avais lu et insuffisamment compris devenait limpide. Je comprenais pourquoi il y a des hommes et des femmes qui abandonnent tout, famille, métier, richesse, pour s'enfermer et contempler la flamboyante vérité. Mais je me repris à temps. J'étais en train de m'exalter, de passer d'un extrême à l'autre, de la honte au triomphe. Je regardai l'heure. Il y avait deux heures que j'étais entrée dans cette salle des pas perdus. Et pendant ce temps, ma pauvre mère...

Mon cœur, soudain, débordait pour elle d'une effusion d'amour. Tout à ma passion, je l'avais horriblement négligée. Et Bernard aussi... Mes yeux n'avaient cessé d'être rivés sur moi.

Moi ! Moi ! Moi ! Je me devais maintenant de m'oublier un peu, de leur sourire et, peut-être un jour, de leur raconter ma crise. Ce qu'il me fallait raccommoder, c'était la confiance, le contact.

Je payai et sortis de Roissy en me jurant que je n'y remettrais plus les pieds. Mais avant d'appeler un taxi, j'achetai un bouquet de roses pour maman. Des roses ! Cela l'aiderait à oublier Stéphane et la gifle qu'elle avait reçue.

Dans la voiture, je me surpris à chantonner un air sans queue ni tête, une petite musique pour le plaisir. Je ne me reconnaissais plus. J'ouvris la porte de l'appartement avec ma clef, car je ne voulais pas la réveiller, si, par hasard elle dormait un peu. Et brusquement, au pied du canapé, je la vis.

Je me jetai à genoux. Dans l'entrebâillement de sa robe de chambre, il y avait du sang. La suite, j'ai de la peine à la reconstituer. Naturellement, je touchai ses mains, et c'était pire que si elles avaient été glacées. Elles étaient molles et encore à peine tièdes. La mort, pourtant, avait déjà fait son œuvre. Auprès d'elle, pas d'arme. Elle avait été assassinée. Vite, je devais appeler un médecin. La main sur le téléphone, je retins mon geste. Un médecin ou la police ? Dans les deux cas, je serais mise en demeure de...

Je revins près du corps, bouleversée mais encore capable de raisonner, je m'accroupis. J'avais la tête pleine de bruit, mon propre sang qui battait à mes tempes. Dans quel cauchemar étais-je plongée ! Quelques heures plus tôt, elle était là, furieuse contre Stéphane, mais tellement vivante. Et puis...

Je me piquai la main. Les roses, le bouquet de roses. J'étais en train de m'appuyer dessus. Je me relevai et me suçai le pouce. Je ne savais plus ce que je faisais. J'étais si désemparée que je m'assis dans le fauteuil, en face d'elle, me répétant : elle est morte. Elle est bien morte.

Mais moi aussi, j'étais bien morte, et cependant on m'avait ramenée à la vie. Alors, si j'appelais le SAMU ? Je remuais ainsi des idées sans consistance, pour écarter de moi la vérité. Et la vérité, elle était là, tapie au fond de ma détresse. Oui, je devais agir. Mais je devrais aussi répondre à toutes sortes de questions. Alors, autant regarder ce problème en face. Il était près de six heures. Depuis combien de temps étais-je à tergiverser ?

Je m'arrachai à mon siège et revins près du téléphone. Est-ce que le plus simple ne serait pas d'avertir Bernard ? Il prendrait la situation en main et je n'aurais plus qu'à me consacrer en quelque sorte à mon chagrin ? Non. Pas Bernard. Je repoussai cette idée avec violence. Pas lui ! Parce que, tout de suite, il imaginerait des choses. « Où étais-tu ? Avec qui ? » D'habitude, je lui disais : « Je vais passer un moment chez ma mère. » Cela suffisait à le rassurer. Ma mère, en somme, répondait de moi. Mais, elle disparue, personne ne serait là pour empêcher Bernard de penser le pire. Et le pire, mon Dieu, qu'allais-je me mettre dans la tête ? Mais quoi ! J'avais essayé de me suicider, dans un moment de démence. Cela, tout le monde le savait. Maintenant, on me trouvait devant le cadavre de ma mère. Bernard me dirait : « Qu'as-tu fait de l'arme ? » Et si j'appelais un médecin, celui-ci aussitôt téléphonerait à la police. Pour eux tous, je serais la meurtrière. Et j'aurais beau me défendre : « J'étais à Roissy », qui croirait que je n'y accompagnais pas quelqu'un ? Et si je leur racontais mon après-midi, on me rirait au nez. Qui aurait l'idée saugrenue d'aller se promener là-bas ? D'y emporter un livre. Et d'abord : quel livre ? Montrez-le. *Ce qu'ils ont vu au seuil de la mort.* C'est cela que vous lisez... et justement dans un aéroport ? Vous êtes vraiment morbide.

Certes, j'avais la ressource de parler de Dominique. Cela ne convaincrait pas un policier, et pour Bernard, ce serait un coup terrible. Il n'y avait pas d'issue. J'étais bonne à enfermer. Une femme qui se tue par désespoir d'amour, qui, ramenée de force à la vie, cultive ce désespoir au moyen de lectures pour le moins extravagantes, trompe son entourage avec des ruses cauteleuses et pour finir abat sa mère, dans un état de suprême égarement, que peut-on faire d'elle, hein, sinon la placer dans un asile ?

Tous ces arguments défilaient dans mon esprit avec une netteté effrayante. Si je donnais l'alarme, c'était le monde qui allait me tomber sur la tête. J'étais hors d'état de m'expliquer, d'opposer à la logique du vulgaire l'autre logique, tout aussi rigoureuse, de l'Etre qui s'occupait de moi. Donc...

Je méditai longuement ce « donc », qui allait immanquablement m'engager dans un dédale de mensonges. Mais puisque ma vérité avait toutes les apparences d'une longue tromperie, pourquoi une tromperie résolument assumée n'aurait-elle pas l'accent et le poids de la vérité ?

Donc, pas de téléphone. Pas de médecin, ni de policier, ni surtout de Bernard. Je n'avais qu'à rentrer à la maison et me taire. Mais Stéphane ? Je l'avais oublié et ce retour à la réalité me coupa les jambes. Stéphane ! De toute évidence, mon silence allait le mettre à l'abri. Le corps de ma pauvre mère ne serait pas découvert avant lundi, puisque ni la femme de ménage ni le secrétaire ne venaient le dimanche. Il serait soupçonné, par acquit de conscience, mais d'ici là, il aurait tout le temps de se forger un alibi. Aucune preuve contre lui. Et il aurait beau jeu de dire : « Interrogez donc Mme Vauchelle. Elle allait chez sa mère tous les samedis après-midi. Si quelqu'un sait quelque chose, c'est bien elle. » Et moi, le dos au mur, je serais obligée de confirmer. « Exact. J'ai vu ma mère samedi après-midi. Quand je l'ai quittée, aux environs de six heures, elle était très bien. » En somme, c'est moi qui fournirais un alibi à Stéphane, au cas où il serait soupçonné. Puisque je déclarais que ma mère était vivante aux alentours de six heures. Stéphane devenait inattaquable jusqu'à six heures. Après, il serait hors de cause.

Si maintenant j'alertais la police, il n'en resterait pas moins vrai que la dernière personne qui avait vu ma mère vivante, c'était moi. Il m'était impossible de prouver le contraire. Non seulement Stéphane allait tirer son épingle du jeu, mais je ne me sauverais moi-même qu'en jouant la plus horrible des comédies.

A la fin, je m'embrouillais complètement. Je revenais en arrière ; je m'entêtais à vérifier mes hypothèses. L'alibi de l'un. L'alibi de l'autre. Et le corps de maman était toujours là, et l'odeur du sang se mêlait à celle des fleurs. Je me penchai pour examiner la blessure. Très certainement, d'après son aspect, elle avait été causée par une balle de revolver. Stéphane, fou de rage après l'entretien qu'il avait eu avec ma mère, avait dû rentrer chez lui — il occupait un petit meublé non loin de Saint-Sulpice — saisir un revolver, et revenir abattre la pauvre femme. Les choses s'étaient sûrement passées ainsi. Machinalement, je ramassai les fleurs et j'allai les jeter dans la poubelle. Et puis ? Essuyer mes empreintes, mais elles étaient partout. Celles de Stéphane aussi puisqu'il venait très souvent chez ma mère pour la tenir au courant de l'activité des chantiers. J'hésitai encore. Il me semblait que j'avais oublié quelque chose d'important. Rapidement, je fouillai des yeux chaque pièce. Rien n'avait été dérangé. La querelle avait été brève, à coup sûr. Le crime avait eu lieu peu de temps après mon départ pour Roissy. Et après ?

Mais pourquoi allais-je me perdre dans ces réflexions oiseuses puisque je déclarerais que ma mère était encore vivante à la fin de l'après-midi. Je n'arrivais pas à entrer dans la peau du rôle que j'avais choisi. Alors ? Puisque je l'avais choisi, il me fallait rentrer chez moi sans plus tergiverser.

Je m'arrêtai une dernière fois auprès de ma mère. Elle avait un œil fermé et l'autre mi-clos. Je m'interdis d'en abaisser la paupière. Et ici, je dois ouvrir une parenthèse. Ce n'était ni par insensibilité, ni par répugnance à toucher un cadavre. Non. Depuis que j'avais découvert le corps de ma mère, j'avais instantanément pensé qu'elle avait eu de la chance. La chance de franchir le seuil interdit ; celui que la Voix m'avait empêchée de dépasser. De quel droit aurais-je privé maman du bonheur que j'avais entrevu ? A ma place, une autre femme aurait, sans réfléchir, appelé à l'aide. Peut-être maman n'était-elle pas tout à fait morte quand j'avais saisi sa main. Peut-être que je n'avais pas agi comme je l'aurais dû. Jugée par un tribunal, on m'accuserait peut-être de n'avoir pas porté secours à une personne en danger ? Sottises, de pareils reproches. J'aimais maman autant qu'une fille peut aimer sa mère. C'est pourquoi je ne songeai même pas à vérifier si son cœur battait encore. Je savais de science certaine que la mort n'existe pas. Et je savais par expérience quelles douleurs on inflige à ceux qu'on ramène de force sur cette rive.

Maman, elle était ailleurs et c'était elle, peut-être, qui me conseillait, d'esprit à esprit, de me taire. Voilà ce que je tiens à dire pour ma défense. J'affirme solennellement que je suis innocente. Et j'ai toujours été innocente, par la suite, quoi que j'aie pu faire.

Je laissai donc les choses en l'état. Mon roman commençait à cette minute précise. Il était à ma montre six heures dix. A six heures dix, ma mère était bien vivante. En cas de besoin, je le jurerais. J'étais épuisée. Je pris un taxi. Je me remaquillai soigneusement, pour atténuer ma pâleur. Et la minute que je redoutais arriva. J'entrai dans le bureau de Bernard. Il était penché sur un album, fort absorbé, mais quand il m'entendit il leva vivement la tête et sourit.

— Eh bien, dit-il, je vois que tu as fait une longue promenade. Tu sais l'heure qu'il est ? J'allais téléphoner chez ta mère.

Désormais, la situation était verrouillée. Il n'y avait plus moyen de revenir en arrière.

— Tu la connais, dis-je. Quand elle commence à bavarder, il est impossible de l'arrêter.

— Elle est toujours en conflit avec Stéphane ?

— Plus que jamais.

Chaque mot m'écorchait la bouche. Je m'assis dans un des fauteuils. Le chat, lové sur le bureau, se déplia lentement et sauta sur le tapis. Je tendis les doigts vers lui comme si j'avais à lui proposer quelque gourmandise, et il vint, avec toutes sortes d'hésitations et de scrupules, me flairer la main, la queue circonspecte et le poil du cou en alerte. Puis il se détourna et alla occuper l'autre fauteuil. Bernard m'observait.

— Tu as l'air fatiguée.

— Non, protestai-je, pas du tout. Seulement un peu secouée. Je viens d'assister à un accrochage ; un malheureux cycliste qui a été renversé... Et toi ? Tu as reçu du monde ?

— Oh ! comme d'habitude ! Depuis les événements de Nouvelle-Calédonie, il y a de plus en plus d'amateurs pour la Polynésie, Wallis-et-Futuna, les terres australes. Souvent des gens importants qui ont oublié leur géographie. Ils se recyclent en achetant des timbres.

— Si bien, dis-je, que tu n'as pas eu le temps de sortir.

— Non.

— Après ça, tu t'étonneras de grossir.

Le moment le plus pénible était passé. Nous étions en train de retrouver un certain ton d'intimité qui me rassurait. Mais restait encore à franchir l'épreuve du dîner.

— J'ai pensé, dit Bernard, que nous pourrions aller au restaurant. L'apéritif, un petit repas léger, le plaisir de voir des têtes nouvelles ; ce serait une bonne récréation. Tu ne crois pas ? En tout cas, moi, je me sens d'attaque.

— Mais ta mère ?

— Pour ce qu'elle mange ! Un peu de jambon et un yaourt. Ne t'inquiète pas pour elle. C'est plutôt elle qui s'inquiète pour toi. Elle se demande si tu n'es pas une femme frustrée. Oui, c'est un terme technique qu'elle a piqué dans un magazine et qui désigne, pour elle, tout ce qui peut se détraquer chez une femme, surtout le mental ; ce qui est un mot qu'elle affectionne.

— Et qu'est-ce que tu lui réponds ?

— Rien. Qu'elle pense ce qu'elle voudra. Alors on y va ?

— Le temps de me changer, si tu permets ?

— Mais tu es très bien comme ça.

— Et s'il n'y a pas de place?

— J'ai retenu.

— Tu savais que j'accepterais?

— Bien sûr.

Je n'aimais pas du tout ces façons de propriétaire, et je n'avais pas la moindre envie de dîner avec lui. Mais, en décidant de taire la mort de maman, j'avais pris du même coup l'engagement moral d'épargner Bernard, de reconnaître ainsi qu'il avait toujours à mon égard montré de la bonté et de l'amour. Je ne manifestai donc aucune mauvaise humeur et une heure plus tard nous étions attablés devant une abondance de hors-d'œuvre, parmi des convives plus ou moins célèbres que Bernard me nommait discrètement à l'oreille.

— Le petit, là-bas, tout en gris, c'est Lucien Frontenac, une langue et une plume de vipère. Autrefois, du temps de Clemenceau, tiens, ça se serait réglé sur le pré. A sa gauche, deux tables plus loin, tu ne la reconnais pas? Chantal Lévèque. Elle fait la pluie et le beau temps au Seuil. Elle est la maîtresse de Raoul Maréchal, dont on dit qu'il devrait être bientôt ministre. Mais tu as l'air de tomber du ciel. Ça ne t'intéresse pas?

— Beaucoup au contraire.

Pendant ce temps, maman, là-bas, au pied du canapé... C'était horrible. Je me forçais à manger. Certains dîneurs me regardaient. J'avais oublié que j'étais belle. Qu'est-ce qu'il y avait dans mon assiette, dans mon verre? Je me sentais perdue.

— Une glace... tu aimerais?

J'entendais Bernard au loin, comme s'il m'avait parlé d'une pièce voisine.

— Choisis.

— Non, toi.

Quelque part, sur la route d'Antibes ou dans quelque station-service, Stéphane devait écouter les nou-velles, à sa radio. Il ignorait que mon silence lui assurait l'impunité. Il s'attendait sans doute à appren-dre que le crime venait d'être découvert, et déjà il préparait sa défense. Moi, à petites bouchées, au bord du haut-le-cœur, j'avalais quelque chose de boueux et de glacé. J'étais morte. A côté de moi, Bernard saluait des gens.

— Lartigue. Tu le reconnais ? Il se fait teindre en blond, maintenant... Voyons, Chris, tu es muette ? Ou bien je t'embête ?

— Non, Bernard. J'ai seulement la migraine.

— Pourquoi ne le disais-tu pas ?

Tout de suite attentif, le pauvre Bernard, empressé, prévenant, me pilotant avec précaution vers la sortie. J'avais hâte de me coucher et de sombrer dans l'oubli. Il m'aida à me déshabiller, heureux et troublé de me dévêtir. Il me borda, m'embrassa sur les yeux, un peu trop longuement à mon gré. Il éteignit la veilleuse qui était installée près de son lit. Je m'attendais à tomber dans un sommeil de bête. Hélas ! Mon manège à images se mit à tourner dans ma tête, dès que je fus allongée, et j'entendis la Voix : « Plus tard, quand tu seras libre. »

Mais, à peine libérée de Dominique, ne venais-je pas de perdre une nouvelle fois ma liberté en sauvant Stéphane ? Cette idée, qui n'avait pas encore eu le temps de s'imposer à mon esprit, fit en moi une espèce de fracas. Oui, évidemment, je devais à tout prix me libérer de Stéphane. C'était maman qui me demandait justice. J'avais une dette envers elle. Une dette... Une dette... Je coulai enfin dans l'inconscience. Une dette.

Je suis obligée de bien marquer les étapes de ce qui allait devenir mon calvaire, car, encore une fois, je n'ai rien voulu. J'ai, en quelque sorte, rebondi d'événement en événement, les circonstances m'imposant leur loi. Dans le cas de Stéphane, pouvais-je agir autrement ? Oui, bien sûr. Il ne tenait qu'à moi de donner l'alerte, sitôt le crime découvert. Cela, c'était la solution facile mais combien coûteuse ! J'aurais été amenée à tout raconter de ma liaison avec Dominique et, même si j'étais parvenue à passer rapidement sur mon suicide, à en cacher l'arrière-plan bouleversant, je n'aurais pu éviter d'offenser gravement Bernard. Et d'ailleurs le mot est faible. J'aurais été à ses yeux un monstre d'hypocrisie, de turpitude, et que sais-je encore. Alors que j'avais agi avec ma sincérité à moi, qui consistait à le respecter et surtout à ne lui montrer aucune ingratitude. J'avais consenti à me perdre, mais en évitant de lui faire du mal. C'était cela, ma façon d'être honnête. Et voilà pourquoi j'avais choisi l'autre voie, celle qui, pour le moment, me sauvait mais le sauvait aussi. Et je ne dis pas que j'ai eu raison. Non. Je suis allée au plus pressé, en essayant de maquiller les apparences à mon bénéfice. Mais j'aurais à venger ma mère, à rétablir la justice, pour me sentir quitte. Et quand je serais libre, rien ne m'empêcherait d'en finir avec cette vie, si lourde à porter.

Cependant, quelque chose me gênait dans ma version. Il m'avait paru évident que je devais, dans l'intérêt de Bernard, cacher ma liaison. A la réflexion, était-ce tellement évident ? Si je m'étais contentée de dire : « Quand je suis arrivée, j'ai trouvé ma mère morte », pourquoi se serait-on méfié de moi ? Pourquoi m'aurait-on dit : « Où étiez-vous ? D'où veniez-vous ? » Et, même alors, si j'avais répondu : « J'étais au cinéma », comment aurait-on pu me prouver le contraire ? Mais, justement. J'étais tellement pénétrée du sentiment de ma culpabilité que j'avais eu un réflexe d'accusée. J'avais peut-être compliqué à plaisir une situation qui, au fond, était simple. La police aurait sans doute conclu à une banale affaire d'agression. Je ne portais pas mon mensonge sur mon visage. A quoi je me rétorquais qu'une femme sauvée *in extremis* de son suicide et visiblement névrosée n'est pas quelqu'un dont le témoignage est à recevoir les yeux fermés.

Bref, le dimanche s'écoula tristement, Bernard s'occupant de ses timbres et moi ricochant d'une pensée morose à une autre pensée encore plus chagrine. Entre nous, le chat qui était en proie à ses démons et se multipliait tout autour du bureau. Pas de coup de téléphone. Personne n'avait découvert le corps. Personne non plus pour le veiller, lui donner l'aspect décent du dernier sommeil. De temps en temps, Bernard levait les yeux.

— Ça va ?... C'est bon, ce que tu lis ?

Car j'avais ouvert un livre au hasard, une vie de Chateaubriand, je m'en souviens. Je me répétais la

phrase fameuse : « Levez-vous vite, orages désirés. »
Par la force des choses, ils n'allaient pas tarder à
éclater.

Ils s'annoncèrent le lundi matin, dès dix heures. Je
faisais semblant de dormir, pour laisser à Bernard le
temps de se doucher, de se raser et de descendre à la
salle à manger. J'entendis, en bas, le timbre discret de
la porte d'entrée. A partir de ce moment, je fus comme
un animal aux aguets. D'abord, le bruit à peine
perceptible d'une longue conversation dans le bureau.
Puis le pas étouffé de Bernard dans l'escalier. Enfin, la
porte entrebâillée de la chambre.

— Tu dors ?

Grognement.

— Réveille-toi, Chris.

— Qu'est-ce qu'il y a ?

Bernard s'assied au bord du lit, rabat doucement le
drap que j'avais ramené sur ma tête.

— Pardonne-moi, Chris. Une affreuse nouvelle. Sois
bien courageuse. Ta mère...

Je jouai à merveille la surprise et l'effroi.

— Eh bien ?

— Le commissaire Leriche est en bas. Il va t'expliquer.

— Ne me dis pas qu'elle est...

— Si. On l'a retrouvée morte, tout à l'heure.

Mais à quoi bon raconter le reste ? Ce rapport n'est
pas un roman. Bernard me soutenait dans l'escalier et
nous donnions l'image d'un couple uni. Le commissaire... peu importe... c'était un commissaire. Aucun
signe distinctif. Correct, beaucoup de compassion sur
le visage, mais pas dans les yeux. Il m'apprit comment
le crime avait été découvert. Le préposé avait pour ma
mère une lettre recommandée. Il lui fallait donc sa
signature. Pas de réponse au coup de sonnette. Il avait

91

interrogé la gardienne. Celle-ci se souvenait qu'elle n'avait pas vu Mme Roblin de tout le dimanche. Bizarre. Mais elle possédait un double de la clef; il était donc bien facile...

Et la porte s'ouvrit. Pourquoi je note tous ces détails fastidieux ? Parce que j'ai toujours admiré les détours compliqués de la vie. Normalement, c'est la secrétaire qui aurait dû découvrir le crime. Eh bien non. Il y a fallu le facteur, la gardienne et sa clef. Et tout sera ainsi, dans mon histoire, tortueux, bizarre, un peu comme un puzzle aux morceaux capricieusement découpés. Bon, j'en reviens à mon triste fait divers, la nouvelle remontant vite le long de la hiérarchie. « Quoi, Mme Roblin, la P.-D.G. des bateaux Roblin ? » Et voici Leriche à pied d'œuvre. On s'installe au salon. Le commissaire s'excuse de son intrusion et commence à poser ses questions, ce genre de questions abominables qui sont faites de redites et d'objections malignes, d'hésitations calculées. « Je vous demande pardon, Madame, mais il y a quelque chose que je ne comprends pas », et surgit une petite phrase en apparence anodine : « M. Vauchelle était-il au courant de vos fréquentes sorties ? » Ou bien la discussion s'égare en ratiocinations exaspérantes.

— Vous êtes bien arrivée chez Mme Roblin vers quatorze heures ?

— Plutôt quatorze heures trente. Mais quelle importance ?

— Voyons, vous m'avez bien dit que la porte palière avait juste été tirée ?

— Je n'ai pas fait attention. Mais, bien sûr, si elle avait été fermée au verrou, je l'aurais remarqué.

Et ainsi de suite. Autant de petites touches qui me meurtrissaient.

— Ma femme est fatiguée, observa Bernard.

— Nous reprendrons tout cela après déjeuner, dit Leriche. Pour le moment, j'essaie d'y voir plus clair. A première vue, je crois que nous avons affaire à une agression comme il y en a tant en ce moment. Mme Blain, la femme de ménage, prétend qu'on n'a rien pris. Cela reste à démontrer. Dès que l'Identité aura fini son travail, le corps sera enlevé.

— L'autopsie est nécessaire ? demanda Bernard.

— Absolument. Il y a un point qui m'intrigue. D'habitude, les voyous qui se livrent à ce genre d'agression étranglent leur victime ou l'assomment et, en tout cas, évitent de faire du bruit. Or, ici, un coup de pistolet a été tiré. D'après l'impact, je pense qu'il s'agit d'un 7,65. Seule l'autopsie peut nous renseigner. Après, madame et monsieur, vous pourrez vous occuper des obsèques.

Il se leva, nous salua fort civilement.

— Voulez-vous, dit-il, que nous prenions rendez-vous boulevard Saint-Germain à seize heures ? Très bien. D'ici là, madame, prenez le temps de réfléchir. Pour nous, tout compte. Il n'y a pas de petits détails.

Bernard l'accompagna et revint en semant derrière lui ses Kleenex. Il rabroua Prince, qui bondissait joyeusement.

— On ne joue pas.

Et s'adressant à moi :

— Je suis navré, Christine. Je ne la voyais pas souvent, ta pauvre maman, mais je l'estimais bien. Tu veux que je m'occupe de toutes les formalités ?

— Oui, merci. Je ne me sens pas le courage de...

Et c'était vrai. Devant le commissaire, j'avais tellement pris sur moi que j'étais hors d'état de soutenir une conversation. Je ne descendis pas déjeuner. Me trouver en un tête-à-tête avec la mère de Bernard était au-dessus de mes forces. Bernard m'apporta lui-même un peu de potage et un verre de bordeaux.

— Maman me charge de te présenter ses condoléances. Elle est désolée. Elle est également inquiète pour la société. Moi, c'est un problème dont je n'ai pas à m'occuper, mais tu étais la première à dire que ta pauvre mère se faisait bien du souci. Je pense qu'il faudrait prévenir sans tarder son notaire et peut-être aussi Stéphane Legris. Tu sais où on peut le joindre ?

— A Antibes, je suppose.

Stéphane, bien sûr ! Il allait revenir dans la partie et je devais me préparer à l'affronter. Au téléphone, il répondit d'Antibes.

— Il a été bouleversé, dit Bernard. Il sera là dans quelques heures, par Air Inter. Au début, il ne voulait pas me croire. « Moi qui l'ai vue samedi matin, répétait-il. Mais qui a pu faire ça ? »

Quelle audace ! Alors que son crime était signé. Je faillis tout avouer à Bernard, tellement j'étais scandalisée. Mais plus le temps passait et plus j'étais liée par son mensonge. Et puis ce pauvre Bernard m'entourait de tant de soins et de précautions ! Je n'avais qu'un refuge : la migraine. J'étais déjà suffisamment marquée par le chagrin. Le commissaire m'épargnerait peut-être un trop long interrogatoire.

C'était mal le connaître. Il était du genre tatillon. D'abord il voulut tout savoir de la Société Roblin, comment était composé le conseil d'administration, quel était notre chiffre d'affaires ; tout y passa comme si l'un de nous avait été suspect.

— Je m'excuse, disait-il, de temps en temps, mais les questions d'intérêts jouent souvent un rôle non négligeable. Il y a le crime, nous allons y venir, et il y a tout ce qui l'entoure. Or je constate que la Société

Roblin n'était pas très bien portante. Il est donc de mon devoir d'en tenir compte.

Il se tourna vers moi.

— Voyons, madame, reprenons. Et d'abord aviez-vous une raison précise de rendre visite à votre mère ?

— Non. Je venais passer tous les samedis après-midi avec elle. C'était son seul moment de détente, car elle travaillait beaucoup.

— Vous m'avez bien dit que vous étiez arrivée vers quatorze heures, quatorze heures trente ?

Je fis semblant de consulter Bernard.

— A quelle heure ai-je quitté la maison ?

— Vers treize heures trente.

— Je devais donc être ici vers quatorze heures trente, en effet.

— Vous êtes venue à pied ?

Je note ce détail pour souligner à quel point ce diable d'homme était scrupuleux. Difficile de se glisser hors des mailles du filet qu'il tendait patiemment. L'angoisse commençait à me mouiller les tempes.

— Oui. J'aime bien marcher.

— Vous êtes donc restée auprès de Mme Roblin de quatorze à dix-huit heures.

— Oui.

Ma voix restait ferme. C'était l'instant dangereux.

— Personne ne lui a téléphoné ?

— Non.

— Et quand vous l'avez quittée, vers dix-huit heures, elle vous a paru comme d'habitude ?

— Comment ça ?

— Eh bien, elle aurait pu vous sembler impatiente, comme si, attendant quelqu'un, elle avait souhaité vous voir partir. Vous n'avez pas eu l'impression qu'elle avait un rendez-vous ?

— Non. Elle avait beaucoup de relations mais peu d'amies. D'ailleurs, elle me l'aurait dit.

J'avais très chaud. Je commençais à ne plus me contrôler.

— M. Legris sera ici dans quelques heures, dit le commissaire. Nous l'avons convoqué, lui aussi. Je veux entendre tout le monde, naturellement. Je sais déjà, par Mme Blain, la femme de ménage, que l'entente était loin d'être parfaite, entre votre mère et son ingénieur.

— Mme Blain a voulu se donner de l'importance. Chacun avait son caractère, d'accord. Mais de là à...

— A quoi ?

— A des violences, non.

— Donc, madame, vous avez quitté votre mère vers dix-huit heures. Vous êtes rentrée directement chez vous ? Votre mari vous attendait.

— Exact, dit Bernard. Nous avons dîné au restaurant.

— Est-ce que Mme Roblin gardait chez elle des papiers importants, des contrats par exemple ou encore des valeurs ?

— Non, dis-je. Tous les papiers concernant nos fabrications sont à Antibes et c'est Stéphane Legris qui en était responsable.

— Voulez-vous, cependant, que nous examinions l'appartement, pour nous assurer que rien n'a été pris ?

Il nous précéda et je dus enjamber la silhouette à la craie qui était ce qui subsistait du corps de maman. Affreuse sensation. Je dus ensuite ouvrir les meubles, répondre à toutes sortes de questions, sans parvenir à satisfaire ce policier qui semblait voir des mystères partout. Non, rien ne manquait.

— Naturellement, reprit-il, en s'adressant à moi, Mme Roblin ne possédait pas d'arme ?

— Quelle idée !

— Vivant seule, elle aurait pu avoir un pistolet ?

— Non, commissaire, il n'y a jamais eu d'arme ici.

— Parmi ses proches, son entourage, quelqu'un aurait-il pu détenir un revolver ?

— Non. Je ne pense pas.

Le commissaire réfléchissait, consultait les notes qu'il avait prises sur un carnet tout en battant, du capuchon de son stylomine, une exaspérante petite marche sur ses dents. Je devinais son embarras. Ou bien l'agresseur était un quelconque malandrin ou bien quelqu'un qui touchait de près la victime. De temps à autre, il me jetait un bref coup d'œil. J'étais pour lui la coupable idéale. Mais si j'avais tué ma mère, dans un brusque accès de folie, je n'aurais pu ensuite dîner paisiblement au restaurant. Mon mari, de son côté, aurait compris que j'étais en pleine crise. Alors ? Qui ? Stéphane. Il saurait bien justifier son emploi du temps après dix-huit heures. Donc, je n'avais pas à en démordre. A dix-huit heures, j'avais quitté ma mère bien vivante. Une demi-heure après, Bernard me voyait arriver souriante, peut-être un peu fatiguée, mais normale. Son témoignage fortifiait le mien. Oui, ma mère vivait encore à dix-huit heures.

J'abrège. Stéphane arriva à Orly quelques heures plus tard. Il fut tout de suite interrogé à la P.J., par Leriche, et il fut laissé libre parce qu'on ne put rien prouver contre lui. Moi seule pouvais le faire accuser et j'en étais désormais incapable.

Je piquai littéralement une tête dans le désespoir. La vie, à nouveau, m'était odieuse ; mais la mort aussi m'était interdite. « Plus tard, quand tu seras libre ! » J'avais encore la Voix dans l'oreille. Cette voix qui me

97

conseillait de me libérer. J'avais effacé Dominique de ma mémoire, mais Stéphane le remplaçait, maintenant.

L'affaire Roblin allait me revenir immanquablement, et Stéphane, lui, allait être confirmé dans son rôle d'ingénieur-architecte. De sorte que, par la force des choses, nous étions appelés à nous rencontrer sans cesse. De ce compagnonnage légalement établi naîtrait bien à la longue l'occasion pour moi de venger maman. Je ne voyais pas du tout comment. Je ne me voyais pas davantage assumant la direction de nos chantiers. Tout cela était confus et angoissant.

J'entendis la sonnerie et, du pied de l'escalier, Bernard me cria : « C'est Stéphane. Pourrais-tu venir ? » J'enfilai ma robe de chambre. A tout prendre, j'aimais mieux que notre première rencontre ait lieu au téléphone.

— Je suis désolé, dit-il. J'ai autant de peine que vous. Quand la police m'a appris la nouvelle, cela m'a foudroyé.

Moi, l'oreille collée à l'écouteur comme si je l'avais posée sur sa poitrine, je cherchais à surprendre la moindre fêlure de sa voix. J'étais plus attentive qu'un médecin et malgré moi j'admirais son assurance et, si j'ose dire, la sincérité de son mensonge. Pas une hésitation. L'accent même d'un chagrin poli. C'était le charmant Stéphane, le garçon aimable et caressant qui avait tellement plu, autrefois, à ma mère et qui, aujourd'hui, trouvait le ton juste pour déplorer le drame.

— Si j'avais su, murmurait-il, si je m'étais douté... Oui, il faut que vous le sachiez. Nous nous étions cruellement disputés.

Je l'interrompis brutalement :
— Quand ?

98

— Quand ?... Voyons, samedi... Samedi matin... Mais je serais revenu m'excuser dès mon retour à Paris. Ah ! je ne me pardonnerai jamais !

— C'était à quelle heure ?

— Un peu avant midi. J'ai mangé un sandwich au bar, près de chez moi. J'ai pris ma voiture et je suis parti pour Antibes. J'avais l'intention de détruire mes papiers, mes plans, tout. Un coup de colère, quoi. C'était stupide, mais je fais souvent des choses stupides... Et puis, j'ai appris... J'ai pleuré comme un gosse.

Le menteur. Comme il savait bien s'y prendre !

— Pourrai-je passer chez vous, continua-t-il. Nous avons à examiner ensemble la situation.

— Plutôt chez ma mère, si vous voulez bien ?... A partir de trois heures.

— Encore tous mes regrets, Christine. De mon côté...

Je raccrochai. J'en avais assez entendu.

Bernard jugea bon de m'accompagner. Le commissaire nous rejoignit boulevard Saint-Germain. Devant lui, avec un naturel parfait, Stéphane m'embrassa comme si j'avais été sa sœur. L'audace de ce garçon me stupéfiait.

— Nous savons d'après le rapport d'autopsie, dit le commissaire, que Mme Roblin a été tuée avec un 7,65. La balle a touché le cœur et s'est logée le long d'une côte. Elle présente de légères rayures qui nous permettraient d'identifier facilement le pistolet si nous le retrouvions.

S'ensuivit une discussion technique sans grand intérêt. Mais j'ai retenu la conclusion de Leriche.

— Résumons. A dix-huit heures, vous, monsieur Legris, vous étiez en route pour Antibes et vous madame, vous quittiez votre mère bien vivante. Alors, le coupable est à chercher à partir de dix-huit heures.

C'est à cette seconde précise que ma décision fulgura, comme l'étincelle d'un court-circuit. Personne, jamais, ne pourrait punir Stéphane. Personne, sauf moi.

Le testament fut ouvert chez Me Bertagnon, qui habitait tout près de la librairie Hachette, donc à deux pas. Je n'en veux retenir ici que les clauses principales. L'une me constituait l'héritière de tous les biens de ma mère, comme il était normal. L'autre augmentait les pouvoirs de Stéphane. Non seulement il restait l'ingénieur-architecte, mais encore il recevait un paquet d'actions qui lui conférait une influence nouvelle. Ma pauvre mère, connaissant de longue date mon inaptitude aux affaires, avait en somme placé près de moi une espèce de tuteur. Elle n'avait pas eu le temps, hélas, de supprimer cette disposition, prise à l'époque où elle s'était engouée de Stéphane. Et maintenant, je ne pourrais pas prendre une décision sans en conférer avec lui. Il devenait en quelque sorte le vrai P.-D.G. Tant mieux ! L'approchant désormais d'une manière suivie, j'allais être en mesure d'étudier la meilleure façon de le démolir.

Tous les assistants m'observaient. Je hochai la tête en signe d'approbation. Quant à Stéphane, il devait se retenir pour ne pas sourire. Voilà un crime qui payait. En revanche, la mère de Bernard semblait atterrée. « Quoi ! pensait-elle, cette malheureuse qui avait

essayé de se suicider et qui manifestement ne possédait plus toutes ses facultés, se voyait investie de
responsabilités écrasantes qui allaient conduire à la
ruine la Société Roblin. » C'était un désastre pour elle
qui tirait un confortable revenu de l'activité grandis-
sante de nos chantiers. Je dis « nos » parce que j'étais
déjà résolue à me battre pour les protéger. C'était mon
devoir le plus impérieux. Tout en signant des papiers
auxquels je ne comprenais pas grand-chose, je me
rappelais ma « Voix ». « Plus tard, quand tu seras
libre », et ça c'était ma prière du matin et du soir. Si
elle ne m'avait pas soutenue, je crois que j'aurais
refusé mon héritage. Mais ce n'était pas des chantiers
d'Antibes que je venais d'hériter. C'était de l'assassinat de maman. Justice ! Non seulement pour elle,
mais pour moi. Le prix de ma libération était peut-
être exorbitant. Je l'acceptais cependant sans hésiter.

Je sais. Ce résumé est desséchant. Mais je ne cherche
pas, encore une fois, à piquer la curiosité d'un quelconque lecteur. Je m'adresse à des médecins et ce qui
les intéresse, c'est seulement mon témoignage et, si
j'ose dire, ma démarche spirituelle. Je venais de
décider que Stéphane devait mourir. Eh bien, je
l'affirme, ce fut une décision qui ne provoqua en moi
aucun trouble.

« Mais votre conscience, alors ? » Justement, ma
conscience, ou quel que soit son nom, avait subi une
transformation totale. J'étais un peu comme ces mys-
tiques dont la vie n'est plus qu'une attente. Ils savent
qu'elle n'est qu'une apparence, et qu'en un sens elle ne
compte pas. Le bien, le mal, ce sont là des notions
profanes, à l'usage des aveugles. Moi, j'avais hâte de
supprimer Stéphane, de l'effacer, de le gommer, sans
le moindre élan de méchanceté, encore moins de
haine. Mais, en même temps, j'étais bien décidée à ne

pas me faire prendre. On m'objectera que c'est une attitude contradictoire. Non. Je ne voulais pas qu'un jour on puisse dire : « Drôles de gens ! La mère a été tuée, on ne sait pas pourquoi. Et la fille était folle. » Jamais. Jamais ce mot ne doit être prononcé.

C'est donc à partir d'ici que commence ma vengeance. Je ne dirai rien des obsèques. Je répondais à droite, à gauche, je serrais des mains, je remerciais machinalement. Retirée en moi-même, je me répétais : « Maman, je sais où tu es et qui t'a accueillie. Peut-être lis-tu dans mon cœur, comme je l'ai appris dans mes livres. Si tu le peux, aide-moi. Fais-moi savoir comment je dois m'y prendre et surtout donne-moi la force de faire bonne contenance. »

Bernard, après l'enterrement, nous emmena déjeuner au restaurant. Sa mère refusa de nous accompagner et le repas se déroula sans fausse note. Sans fausse note si je compte pour rien les regards, à la dérobée, de Bernard ou la bonne humeur, mal réprimée, de Stéphane. On évita toute allusion à l'enquête et la conversation eut surtout pour objet le commerce des timbres. Stéphane avait peine à croire que l'on pût faire « des coups » sur les timbres, et gagner ainsi beaucoup d'argent. Du moins feignait-il l'étonnement pour flatter Bernard, comme s'il avait en tête de le neutraliser. Son calcul ne m'échappait pas. Il allait avoir besoin de me voir souvent à ses côtés, puisque nous étions désormais des associés, et il cherchait d'emblée à désarmer la méfiance de Bernard. Aussi usait-il de son charme. Un peu trop. Bernard, de son côté, le soupesait sans y toucher. Il avait l'habitude de la palabre. Il ne s'en cachait pas, d'ailleurs.

— Le commerce des timbres, disait-il, ressemble beaucoup à celui des tableaux. Mon rôle se borne à provoquer des enchères, avec cette différence qu'elles ont lieu le plus souvent au téléphone. « Allô, je dispose du premier vol commercial de Concorde surchargé mille francs. Le modèle dentelé, bleu pâle, une splendeur... Très recherché. Bien entendu, j'ai quelqu'un sous la main. » Vous voyez le genre ?

Stéphane riait d'un air complice. Bernard ajoutait :

— Ce qui serait excellent, ce serait que vous obteniez une émission spéciale, à l'occasion, par exemple, d'un salon nautique.

Stéphane entrait dans le jeu.

— Moitié, moitié, mon cher Bernard.

— Non, reprit mon mari, soyons sérieux. Mais si je peux vous être utile... A une condition, cependant. C'est que vous ne m'enleviez pas trop souvent ma femme.

Bernard posa sa main sur la mienne.

— Comment te sens-tu, Chris ?... Si tes nouvelles fonctions te fatiguent, dis-le franchement.

— Ne craignez rien, s'empressa Stéphane. Il nous suffira de passer une heure ensemble, deux ou trois fois par semaine. Le reste du temps, nous réglerons nos problèmes par téléphone. Mais, avant tout, j'aimerais vous faire visiter nos chantiers d'Antibes. A tous deux, si vous voulez bien. Il faut que notre personnel connaisse sa patronne. Et comme cela presse, je vous propose demain.

Bernard me consulta du regard, pour montrer que la décision m'appartenait à moi seule.

— J'irai devant en voiture, ajouta Stéphane. Vous me rejoindrez en avion. Ce sera moins fatigant.

C'était vraiment à ne pas croire. Ce garçon si prévenant, si spontanément amical, comment admettre qu'il était aussi un assassin ? J'avais de véritables crises de doute. Mais moi, pourtant bien décidée à faire justice, est-ce que je ne lui souriais pas ? Est-ce que je ne m'appliquais pas à le traiter en familier, pour le mettre en confiance et mieux le frapper ? Quand il nous quitta, il nous serra la main avec élan.

— Voilà, dit-il, un instant que je n'oublierai pas. Voyez-vous, Christine, je me demandais si vous ne m'en voudriez pas du choix de votre malheureuse mère. Mais je constate avec joie que vous ne me tenez pas pour un intrus. Je vous promets que nous allons bien travailler. Merci.

Bernard n'avait pas bronché quand Stéphane m'avait appelée Christine. Il acceptait donc la situation. Pendant que nous rentrions à pied, je le sondai.

— Comment le trouves-tu, finalement ? Est-ce que tu penses que ça va marcher, cet attelage ?

— Pourquoi pas. Je reconnais qu'il m'agace un peu, mais, tu le sais, je n'aime pas beaucoup les gens qui sont tout le temps en effervescence. Attendons de le voir sur son terrain, à Antibes.

Ce n'est pas maintenant que je vais faire du pittoresque, mais j'avoue que mon premier contact avec les bateaux dessinés par Stéphane me laissa une impression profonde. Les chantiers Roblin couvraient un vaste espace entièrement occupé par des hangars, où travaillaient une bonne douzaine d'ouvriers. Stéphane me les présenta tous et laissa au contremaître — un Italien à tête d'empereur romain — le soin de nous servir de guide. Il y avait plusieurs bateaux en construction, depuis l'ébauche de la quille jusqu'à l'installation du gréement. Le contremaître employait toutes sortes de termes techniques, s'imaginant que j'étais au courant. Je dissimulais de mon mieux mon ignorance en approuvant de la tête ses explications ; mais ce n'était pas le talent de Stéphane que j'admirais, et pourtant j'étais sensible aux lignes si pures des coques. Non. C'était le grain du matériau, lisse et doux comme une peau. C'était aussi l'odeur pénétrante des vernis, leur senteur de miel.

Je parcourus le pont et je descendis dans le carré d'un monocoque en voie d'achèvement. A peine si j'osais toucher les boiseries luisantes qui reflétaient ma silhouette. En vérité, ce que l'on construisait ici, ce n'était pas des machines à affronter la mer ; mais des meubles de luxe faits pour le farniente, au bercement de l'eau. Et je me pris d'un subit amour pour ces artisans d'un si grand talent, pour ces ateliers d'une si rare ébénisterie ; et tout cela, en un sens, était à moi. Je compris la raison des querelles qui avaient dressé l'un contre l'autre Stéphane et ma mère. On ne pouvait pas être deux à posséder ces merveilles. La vraie raison qui avait poussé Stéphane à tuer, c'était le désespoir d'être chassé. Et ma raison, à moi, c'était la même, la passion d'être ici, chez moi, toute seule. Je n'entendais rien aux problèmes que Stéphane exposait à Bernard, derrière moi, tandis que je suivais le contremaître, caressant de la paume de la main les cloisons, les rampes, les échelles — il paraît qu'on ne dit pas « rampes » ni « échelles », mais cela me plaît ainsi — et que je m'amusais avec gravité, comme une petite fille dans une maison de poupées. Ensuite, nous allâmes saluer à son poste un grand ketch relié au quai par une passerelle.

— Il a été acheté par un Américain, dit notre guide. Je crois qu'il a l'intention d'y habiter. Pas ici mais à Monaco. Pour être plus près du casino. Ici, on voit de tout, millionnaires un jour, fauchés le lendemain. Si vous désirez y jeter un coup d'œil ?

— C'est un Roblin ?

— Bien sûr. Il a six mois et il aurait déjà besoin d'un coup de peinture.

Il cracha dans le bassin.

— Misère, murmura-t-il.

Stéphane me saisit le bras.

— Venez, Christine. J'ai encore quelque chose à vous montrer. Mon coin, mon antre, l'endroit où je dessine.

C'était, derrière les hangars et les ateliers, une espèce de baraquement en bois, tout en longueur.

— Votre mère aurait voulu me faire construire un logement décent, expliqua-t-il. Elle était comme ça, toujours prête à dépenser pour l'accessoire, mais à ne rien lâcher pour l'essentiel. Moi, j'ai juste besoin d'une table pour mes premières ébauches et qu'on me fiche la paix. C'est après que ça commence à coûter, quand on passe de l'esquisse au plan.

Il ouvrit et s'effaça pour nous laisser passer. Bernard regarda partout, ne cherchant pas à cacher sa surprise. Cela tenait du monastère et de l'asile de nuit. Il y avait une couchette, un vieux fauteuil, des verres sur une petite table, un lavabo, des musettes pendues à des clous, un énorme réveille-matin.

— J'ai le sommeil dur, dit Stéphane.

— Quoi ! s'étonna Bernard, vous dormez là !

— Oui, ça m'arrive. Dans mes périodes de sécheresse. Ne croyez pas qu'il ne faut pas chercher. Les formes, les courbes, ça se donne mais aussi ça se refuse. Une belle silhouette, on la poursuit en imagination comme une image érotique. Alors, je couche là, je mange là, je cherche mes proportions. Ensuite, je traduis.

Il montra la vaste table où s'enroulaient des plans. Il en déplia un. C'était plein de chiffres, de cotes, de mystérieuses annotations.

— Ce n'est qu'un brouillon, dit-il. Un trimaran qui ne m'inspire pas. Mais enfin, chacun son goût.

— Vous n'avez pas peur du feu ? demanda Bernard. Je n'ai vu d'extincteurs nulle part.

Brave Bernard, si attentif à sa petite personne, si jaloux de sa sécurité. Le feu était une de ses hantises. Des extincteurs, nous en avions un peu partout, dans le bureau, dans l'escalier, dans la mansarde où étaient rangés les souvenirs de son père, chapeaux, vêtements, objets familiers. Stéphane sourit.

— C'est que vous avez mal regardé, dit-il. Et n'oubliez pas mon veilleur de nuit ; mais les documents auxquels je tiens le plus se trouvent à Paris. Si vous le permettez, Christine, j'utiliserai aussi l'appartement de votre mère, si vous n'avez pas l'intention de le vendre ou de le louer. Je manque de place, chez moi.

Déjà, il me grignotait, se dilatait, m'envahissait et je compris que la visite de son refuge faisait partie d'un programme soigneusement médité. Mais le moyen de dire non ? Je devais attendre, guetter le moment favorable. Pour prendre quelle initiative ? Je l'ignorais encore. Je me promenai autour de la pièce, curieuse de chaque détail.

— Ça, qu'est-ce que c'est ?

Je montrais une colonne de toutes petites silhouettes, comme celles que les pilotes, pendant la guerre, peignaient sur les flancs de leurs appareils, pour compter leurs victoires.

— Ce sont les produits de nos chantiers, dit-il. Cela va du petit Roblin de promenade jusqu'au catamaran de compétition.

— Et les drapeaux, à côté ?

— Le pavillon des skippers. Vous voyez que cinq ou six nationalités sont représentées.

Il me saisit familièrement le bras.

— Vous verrez, Christine. Nous ferons mieux.

Bernard marchait derrière nous. Ses mains froissaient un Kleenex qu'il n'osait pas jeter et pourtant le plancher aurait eu grand besoin d'être nettoyé.

— Il vous faudrait un sponsor, remarqua-t-il.

— Exact, s'écria Stéphane avec vivacité. C'est ce que je ne cessais de répéter. Mais je ne voudrais à aucun prix que nos bateaux portent des noms de saucissons ou de fromages.

— Je pourrais peut-être vous aider, suggéra Bernard. J'approche des gens de toutes sortes, dont certains ont de grands moyens. Et quelquefois il suffit d'une conversation à cœur ouvert pour amorcer d'importantes réalisations. Tenez...

A son tour, il passa un bras sous celui de Stéphane et les deux hommes s'éloignèrent, baissant le ton comme si je ne devais pas entendre. Cependant la voix, un peu haut perchée de Stéphane me parvint. « J'ai son adresse à New York », disait-il. Soudain alertée, je les rejoignis.

— Vous en faites des mystères. Si vous connaissez quelqu'un, j'aimerais être au courant.

— Oh! non, dit Bernard. Une idée comme ça... Je me demandais simplement si vous ne pourriez pas intéresser des groupes moins voyants et tout aussi puissants que des industriels, par exemple des producteurs de cinéma ou de maisons d'édition. Imaginez un « Roblin-Hachette » ou un « Roblin-Gallimard », hein ?

Je ne répondis pas. Je n'aimais pas beaucoup qu'il se mît soudain à s'occuper de mes affaires. De plus, je n'avais aucun projet d'avenir pour mes chantiers. Je souhaitais, plus que tout, les conserver pour moi toute seule, mais plus tard, après que...

Je regardai Stéphane, qui semblait très excité par le projet de Bernard. Mon avenir passait par lui. Lui disparu, personne ne serait peut-être capable de prendre sa succession. Et si, par malheur, Bernard se mettait en tête d'ajouter à son commerce celui des bateaux — pour m'aider, dirait-il, bien sûr, — mais en réalité pour sauver les capitaux de sa mère, eh bien, je ne pourrais plus jamais me libérer. Je ne pourrais plus rejoindre ces êtres qui m'attendaient ailleurs. Pourquoi ce nom de New York avait-il été prononcé ? Je ne savais que trop à quels souvenirs il se rattachait. Souvenirs périmés, certes. Mais enfin Stéphane était un ami de Dominique. Un ami intermittent, soit.

Immobile, bouleversée, je luttais contre d'horribles images. Bernard, par l'intermédiaire de Dominique, touchant des personnages puissants, et Stéphane se laissant séduire et moi, tellement ignorante, me laissant entraîner dans des spéculations savantes où je n'aurais plus mon mot à dire. Et réduite bientôt au rôle de mannequin juste bon à signer des papiers.

Ils allaient, devant moi, vers la sortie et semblaient déjà s'entendre avec cette brusque poussée de cordialité qui se remarque si souvent chez les hommes. Il y avait du soleil devant la porte, au-delà de laquelle on apercevait des mâtures, le bras d'une grue, et un ouvrier passa en sifflotant. Je me repris. Quoi ? Qu'est-ce qui venait de m'arriver ? Panique ? Ou prémonition ?

En quelques pas je les rejoignis. Une certitude, semblable à un anévrisme, me gonflait maintenant le cœur. Il était absolument urgent de neutraliser Stéphane, avant qu'il n'eût le temps de provoquer des dégâts.

Toujours aussi empressé, il nous reconduisit en voiture jusqu'à l'aéroport. J'avais hâte d'être seule avec Bernard.

— Je ne te comprends pas, dis-je. Au début, tu n'avais que méfiance. Et maintenant, tu parais emballé par ce projet de sponsor. Tu ne vas pas te mêler de ça, non !

Bernard déplia un Kleenex et essuya soigneusement le fauteuil où il s'installa avec une mine dégoûtée.

— On ne sait pas derrière qui on s'assoit.

— Je te parlais des projets de Stéphane.

— Ah ! oui. N'aie pas peur. J'approuvais Stéphane parce qu'une affaire comme la vôtre en est au point où, si elle ne se développe pas, elle risque d'être rapidement absorbée par des concurrents mieux armés. C'est tout. A mon avis, mais cela n'engage que moi, vos chantiers gardent un côté artisanal. Tu vois bien ce que je veux dire. Et ça, Stéphane en est tellement conscient qu'il m'a fait une réflexion... Je ne sais si je dois te la rapporter...

— Ah, je t'en prie.

— C'est parti comme un cri du cœur. Pas méchamment, non. Mais il est tellement spontané que...

— Oui. Et alors ?

— Alors, il m'a chuchoté : la pauvre femme a disparu au bon moment. Elle était l'obstacle.

Les formalités de l'embarquement commençaient. J'eus le temps de me composer un visage indifférent pendant qu'il sortait nos billets de son portefeuille, mais j'avais dû prendre sur moi, au point qu'il remarqua :

— Tu es toute pâle.

— Ne fais pas attention. Ça va passer. Je suis toujours mal à l'aise avant de monter dans un avion.

Il choisit deux places à l'arrière, près du hublot, s'assit, se releva, et fit tout un petit ménage avant de trouver la position la plus confortable.

— J'ai cru comprendre, dis-je, que vous parliez de New York.

Il me lança un drôle de regard.

— Oui, il a un ami, là-bas, qui pourrait avancer des capitaux. Il n'en est pas à un projet près.

Je ne m'étais pas trompée. Il s'agissait bien de Dominique, mais c'était un nom que Bernard s'interdisait de prononcer.

Je ne l'entendais plus à cause de la stridence des moteurs. Fermant les yeux, je demeurai longuement sans pensée. J'avais chaud. J'avais retiré mes gants et, du pouce, je caressais les cicatrices de mes poignets. Nous survolions les Alpes quand je me sentis le courage de faire un serment. « Avant quinze jours Stéphane doit mourir. » Comment ? Je l'ignorais. A Paris ou à Antibes ? Je l'ignorais. J'étais semblable à un orage en formation et je regardais, sans les voir, les nuages de beau temps qui défilaient au hublot. Déjà, je cherchais à me proposer un plan. Je me penchai vers Bernard.

— Et toi, qu'est-ce que tu comptes faire ?

— Rien. Cela ne me regarde pas. Si Stéphane a besoin de mes conseils, bon. Je l'aiderai à cause de toi. Mais pas plus. Il est plein de talent, ce garçon, mais brouillon et un peu chimérique. Si tu veux le fond de ma pensée, c'est pour toi que je crains. Depuis ton... accident, tu te fatigues vite. Enfin, tu peux compter sur moi, toi aussi. N'engage pas de dépenses sans me prévenir. »

Le Boeing amorçait sa descente. Je cessai de parler. Il y avait une raison que Bernard taisait. J'étais sûre que s'il s'intéressait subitement à Stéphane, c'est parce que l'image de nos futurs tête-à-tête lui était insupportable.

La voix d'une hôtesse nous invita à boucler nos ceintures.

Bernard ne protesta pas quand je pris possession du bureau de ma mère et l'organisai selon mes vues. Je donnai congé à Marie-Paule, la secrétaire, qui avait été témoin de trop de choses. Je modifiai la disposition des meubles, dans le salon, pour laisser à Stéphane un coin où il serait chez lui. Je m'efforçais de paraître efficace et résolue. Bernard, de temps en temps, venait jeter un coup d'œil et s'abstenait de toute critique. Il m'aida même à refaire d'une façon claire le fichier de nos correspondants. Quand tous ces aménagements parurent terminés, je pris l'initiative de réunir notre conseil d'administration qui me donna quitus, et Stéphane m'emmena déjeuner.

— Sur le pouce, dit-il. Pas besoin de votre mari. Vous ne pouvez donc pas lever le petit doigt sans sa permission ?

J'hésitai. Si j'avais l'air de jouer la femme prude, je risquais de jeter un froid entre nous. Et je devais absolument capter toute sa confiance, si je voulais le frapper à mon heure. Mais si je lui répondais par un sourire d'encouragement... Il devina mon embarras.

— Dès que j'aurai à lui révéler le nom d'un sponsor acceptable, dit-il, nous fêterons tous les trois l'événement. En attendant, je cherche et ce n'est pas facile. Vous savez pourquoi ? Parce que je fais trop jeune. J'inspire confiance comme créateur mais je n'ai pas le look de l'homme d'affaires vraiment responsable. Votre mari, au contraire...

Et posant sa main sur la mienne, en copain, il entreprit de faire l'éloge de Bernard. Chacune de ses paroles sonnait faux. Il s'était servi de ma pauvre mère et maintenant il s'apprêtait à se servir de Bernard et de moi. Et je le voyais venir, avec son gentil visage de mensonge, sa voix caressante, sa main chaleureuse. Pour nous défendre, serais-je donc obligée de lui céder. Et s'il cherchait à parvenir si vite à ses fins, n'était-ce pas parce que...

Bien sûr, il n'y avait qu'à rapprocher les faits. Il avait repris contact avec Dominique et, qui sait, peut-être même à Paris, car Dominique devait voyager beaucoup pour ses affaires. Je les voyais tous les deux, peut-être même au *Flore*. Ils avaient parlé de moi, fatalement.

« Tu l'auras quand tu voudras, avait dit Dominique. Elle est facile. Et, par elle, tu auras son mari. Il gagne beaucoup d'argent. »

— Chris, murmura Stéphane, vous n'êtes plus avec moi... Je sens que je vous embête.

— Mais non, pas du tout.

— A quoi pensez-vous ? Je vais le savoir tout de suite.

Il eut ce rire de garçon espiègle qui avait séduit ma mère, autrefois, et but dans mon verre. Puis il prit un air concentré de médium.

— Ah ! ah ! Qu'est-ce que cela ?... Vous êtes troublée. Si, si, vous êtes troublée. Parce que je vous parle... Je le dis ? Allez, je le dis... Parce que je vous parle tendrement.

Je dégageai brusquement ma main.

— Taisez-vous.

Il s'en empara d'autorité et, soulevant ma manche, posa ses lèvres sur la légère boursouflure de ma cicatrice.

— Nous allons faire de grandes choses, Chris... Si tu m'aides.

Puis, changeant de ton, il appela le garçon pour payer. J'avoue que je restai saisie. Pareille audace ! Et si peu de temps après avoir... A peine si le sang de maman était sec. Et il se permettait de... Ça bafouillait, dans ma tête. Il me fallait une arme, le plus vite possible.

— Ça va, Chris ? Est-ce que je vous ai choquée ? Ne faites pas attention. Je n'ai jamais su tenir ma langue.

Il m'aida à enfiler mon manteau, car la pluie menaçait. Mais je vivais hors du temps. C'était, je crois entre mars et avril.

— Je rentre chez moi, lui dis-je. Merci pour le déjeuner.

Alors, avec le naturel le plus parfait, il m'embrassa sur les deux joues, comme des amis qui se quittent.

— Bye, bye. On se téléphone.

C'était peut-être de l'inconscience. Une espèce de totale irresponsabilité, comme on le voit, parfois, chez des adolescents trop choyés. Ou alors une monstrueuse ambition, un goût effréné du pouvoir. J'avais peur. Et il m'était interdit de me confier à Bernard. Aurais-je encore hésité que la mort de Stéphane m'aurait paru, cette fois, nécessaire. Mais où trouver l'arme ?

Je franchis la Seine et entrai dans Notre-Dame, où je m'assis tout à l'entrée, me sentant indigne d'aller plus loin. Il y avait déjà des touristes, un peu partout, des ombres agenouillées, devant le chœur, des bruits de pas, et une lumière colorée qui tombait des rosaces. J'avais envie de prier, mais il ne me restait aucun souvenir de mon enfance religieuse, sinon le *Notre Père*, accroché dans ma mémoire comme un ex-voto poussiéreux. Mais, en dépit de mon ignorance, je me sentais ici chez moi. Je me pénétrais de cette idée que, dans l'autre vie, il n'y a ni bien ni mal, ni récompense ni châtiment, seulement un immense bien-être enveloppant les âmes comme une sorte de clarté vivante, dont j'avais eu la brève vision. Je me rappelais mes lectures, tous ces témoignages de « rescapés », comme moi, qui avaient eu le temps d'apercevoir un ciel de miséricorde, où ne s'embusquait aucun juge. J'avais donc le droit, tout en laissant mes yeux errer sur les silhouettes recueillies, de penser à la mort prochaine de Stéphane. J'aurais même pu demander un secours, une protection spéciale, puisque je n'avais d'autre intention que de faire justice, d'abord, et ensuite de me libérer. Ma présence, en ce lieu de prière, était aussi naturelle que celle d'un soldat qui doit accomplir une mission de sacrifice. Et ce sentiment s'imposa à moi avec une telle force que je me mis à chercher par quel moyen me procurer une arme. Peut-être attendais-je quelque indication, en réponse à ma méditation. En vain ! Je compris que je devais être seule, jusqu'au bout. A moi d'imaginer comment affronter mon épreuve.

Et alors, par une espèce de choc en retour dont j'avais déjà ressenti l'impact, je me dis : « Tout cela n'est pas vrai. Tu rêves. Ce que tu mijotes, c'est un assassinat. » Mais puiqu'il a tué ma mère ? Et maintenant, il veut me séparer de mon mari. « Qu'en sais-tu ? » Je le sais, voilà tout.

Je refusais de discuter davantage. C'était un piège qui m'était tendu pour tester ma résolution. Mon maître d'En-Haut usait de ruse et se servait de ma propre voix pour m'entraîner à repousser toutes les objections dites « raisonnables ».

Rassérénée, je sortis de la cathédrale. Je m'estimais exaucée, et puisque le bien et le mal n'étaient que le jeu du jour et de la nuit, abusant nos yeux de chair, si j'acceptais de me laisser séduire par Stéphane, en quoi serais-je finalement coupable ? Tous ces interdits barrant la route des humbles et des simples, bien sûr, ils n'étaient pas inutiles. Ils empêchaient les excès et les violences d'endeuiller la vie quotidienne. Mais moi, qui étais dans le secret, la banale morale ne me concernait plus.

N'est-ce pas ? Je me permets d'interroger mes lecteurs, qui sont tous des hommes de science, et je répète : N'est-ce pas ? Je suis persuadée qu'ils partagent mon point de vue. C'est pourquoi je n'hésite pas à poursuivre mon analyse. Il faut qu'ils sachent à quel point le chemin que j'ai suivi est un chemin de croix.

Quand je rentrai chez moi, je ne trouvai au bureau que Prince qui me lâcha au visage un immense bâillement. Sur le sous-main, bien en évidence, un billet m'attendait : *Je suis chez le Dr Millevois, avec maman. Pendant le déjeuner, elle a été prise d'une douleur à la poitrine qui m'inquiète. J'espère que ce ne sera rien. Je t'embrasse. Bernard.*

J'avoue que la santé de ma belle-mère m'importait assez peu. Je profitai de leur absence pour ranger la mansarde qui servait depuis longtemps de débarras. J'avais l'intention de regrouper dans cette pièce où ne montait jamais personne les archives de ma mère et les dossiers entassés pêle-mêle à Antibes par Stéphane. Je repoussai donc dans un coin les restes qui encombrent d'habitude les greniers, vieux meubles qui ont cessé de plaire, vaisselles dépareillées, vêtements

117

qui ne servaient plus et que ma belle-mère avait soigneusement protégés par des housses en plastique. Et, tout naturellement, je m'attardais à fouiller, à tirer de l'oubli des épaves dont chacune racontait une histoire. Je soulevai une panière vide pour la placer sur une malle, mais j'eus la curiosité de jeter un coup d'œil dans cette malle, et je reconnus le calot orné de trois galons, la tunique et le ceinturon du capitaine Vauchelle, le héros de la Résistance, l'homme qui, du haut de son portrait, surveillait nos repas.

Reliques ! Pas touche. J'allais refermer le couvercle quand je remarquai l'étui à revolver, sous le ceinturon, et alors, ce fut comme une étrange prémonition. Peureusement, je m'en saisis et j'entrouvris le rabat. Le revolver était là. Ou plutôt un pistolet. Bref, l'arme dont la crosse contient le chargeur. Je le touchai du bout des doigts, avec prudence, car je n'avais aucune expérience des armes à feu. Mais il y avait gros à parier qu'un verrou devait bloquer le mécanisme. Je pouvais donc le manier sans crainte. Ce que je fis. C'était lourd et un peu gras, bien enveloppé dans une peau de chamois. J'évitais de le manier au hasard, mais je pris le temps de vérifier qu'un crochet de sûreté, logé dans une encoche, le rendait inoffensif. J'ignorais s'il était chargé et je ne savais pas comment m'en assurer. J'eus l'idée de tirer sur une sorte de saillie qui devait commander la manœuvre du chargeur et celui-ci commença à coulisser. J'aperçus confusément le reflet cuivré des cartouches. Vite, je repoussai le chargeur dans son logement. Incroyable. Le pistolet était encore à demi chargé. Jusqu'à sa mort, le capitaine avait voulu, en quelque sorte, rester sous les armes.

Le coup de chance ! J'avais prié pour obtenir cette grâce et elle m'avait été accordée. En venant dans cette mansarde, je songeais si peu à ce que j'allais y trouver. Et pourtant comme tout s'enchaînait logiquement. Antibes! Stéphane souhaitant s'installer commodément dans le bureau de ma mère... Stéphane me faisant des avances... Et moi, à Notre-Dame, suppliant l'Invisible d'intervenir en ma faveur... Et voilà!... Le don miraculeux d'un pistolet. J'avais prononcé le mot : chance. Ingrate. Ce que je devais reconnaître avec gratitude, c'était que j'étais protégée, guidée. On s'occupait de moi, Là-Haut. Merci.

J'arrêtai mes rangements, le temps de réfléchir plus avant. Où ce pistolet serait-il le mieux caché? Ici, évidemment. Dans cette malle jamais visitée. Je l'emmaillotai donc très soigneusement. Par précaution, je hissai la panière sur la malle et je me retirai avec, au cœur, quelque chose qui était comme de la joie, je le confesse.

J'allai me laver les mains, longuement, d'abord pour me débarrasser de l'huile très fine qui protégeait l'arme et qui rendait mes mains collantes. Et puis, pour me purifier, à l'image de lady Macbeth, dont le souvenir ravivait mon émotion. Certes, je n'étais pas encore souillée par le sang de Stéphane, mais cela ne saurait tarder. Le remords en moins!

Restait le gros problème. Où? Quand? Et comment faire pour échapper à la police, car, si j'étais prise, toute mon histoire se démaillerait comme un tricot. Je descendis au bureau pour attendre Bernard et sa mère, en bonne épouse qui s'inquiète. Et d'ailleurs, je m'inquiétais réellement. Si ma belle-mère tombait malade, ma place serait ici, auprès d'elle, pendant combien de temps? Or, j'aurais bien voulu en finir vite. J'étais fatiguée de remuer dans ma tête tous ces projets sinistres. Je comptais donner ma démission, après. Et enfin... enfin... Me reposer, me mettre à l'étude de ces problèmes dont je souffrais d'être tenue éloignée, alors que je ne vivais plus que pour eux. J'avais mille raisons de détester Stéphane, mais la principale c'était sans doute qu'il me séparait de ce rêve intérieur qui pâlissait comme une vieille photo peu à peu détruite par la lumière. Cela, je ne l'ai peut-être pas dit et je n'ai pas le goût de me relire. Mais il y avait des moments où mes images ne répondaient plus à ma volonté. Le couloir de l'hôtel, avec son tapis rouge, devenait gris, s'embrumait, et la lumière céleste qui avait guidé mes pas se mettait littéralement en veilleuse. Je me sentais dépossédée de ce qui m'était le plus précieux. Et si, par malheur, un jour prochain, j'allais me retrouver volée, dépouillée de ma seule richesse, détroussée par ce Stéphane qui me convoitait, moi et ma fortune !

Ainsi méditais-je, tandis que Prince, assis sur le bureau de Bernard, la queue délicatement ramenée sur ses pattes, se léchait, un œil mi-clos fixé sur moi. Nous nous taisions, l'un et l'autre, roulant l'un et l'autre des pensées meurtrières. Le même sursaut de frayeur nous fit lever la tête. Je reconnus les voix de Bernard et de sa mère dans l'antichambre. Affectant un grand élan d'émotion, je courus au-devant d'eux.

— Alors ?

— Petite alerte, dit Bernard. L'électrocardiogramme n'est pas mauvais mais il paraît qu'il pourrait être meilleur.

S'ensuivit un échange banal qu'il est inutile de rapporter. Précautions à prendre... éviter toute fatigue et même toute émotion. Aïe ! J'allais être coincée à la maison, pour les soins.

— Je vais engager une infirmière, dit Bernard. Il nous faut quelqu'un ici, et toi, tu as tes occupations.

Pas question de les négliger. Dans une dizaine de jours, maman n'aura plus besoin d'être aidée.

Dix jours. Voilà le délai qui m'était accordé.

— J'aurais pu..., commençai-je, de l'air le plus compatissant.

Il m'interrompit.

— Je te remercie, Chris. Mais maman ne veut pas que tu changes pour elle tes habitudes. N'est-ce pas, maman?... L'infirmière sera là nuit et jour. Elle couchera dans la chambre d'amis. Le Dr Millevois aurait préféré qu'elle entre en clinique, mais...

— Jamais de la vie, coupa sa mère, du ton le plus revêche.

Ils montèrent lentement l'escalier. Quand Bernard redescendit, il était soucieux.

— En fait, dit-il en bouchonnant un Kleenex, elle a failli avoir un infarctus. Si tu veux un conseil, ça m'ennuie de te dire ça, mais j'aimerais mieux que pendant quelques jours tu t'installes boulevard Saint-Germain.

— Je t'assure que...

— Non, n'insiste pas. Maman a un caractère difficile. Depuis ce matin, elle est particulièrement irritable. Je serais désolé, si, entre vous, survenait... Enfin, tu me comprends.

Il me prit dans ses bras, ce qui lui arrivait rarement.

— Ça me coûte, tu sais, ma petite Chris. Je n'aime pas du tout te savoir loin de moi.

— Surtout que j'ai beaucoup de travail en ce moment, dis-je. Il se peut que je sois obligée de faire un saut à Antibes, pour le week-end.

— Stéphane est là-bas?

— Oui, et pas pour son plaisir. Il y a une grève qui couve, depuis peu. Il est bien embêté. Il ne sait pas parler à ses ouvriers.

121

— C'est un petit-bourgeois, observa Bernard. Et toi, tu sauras ?

— Peut-être pas si bien que ma mère, mais sûrement mieux que lui.

J'improvisais, avançant à tâtons dans l'histoire que j'étais en train d'inventer, mais l'occasion était si belle qu'il fallait la saisir aux cheveux. J'avais parlé du week-end. Eh bien, pourquoi pas ? Cela laissait à Stéphane quatre jours à vivre. Et je n'aurais pas, moi-même, trop de quatre jours pour m'organiser.

J'aidai activement Bernard : visite et mise en état de la chambre d'amis, coups de fils divers pour remettre à plus tard certains rendez-vous, mais surtout, profitant de l'agitation qui gagnait, je retournai à la mansarde et retirai de la malle le pistolet que je cachai dans la valise où je commençai à ranger les affaires dont j'allais avoir besoin, boulevard Saint-Germain. Ensuite, par correction, je me rendis auprès de ma belle-mère. Elle somnolait et ne répondit pas à mes questions. Je lus la liste des remèdes qui lui étaient prescrits et j'en reconnus un qu'on m'avait donné, à la clinique, pour me soutenir le cœur. Il portait, naturellement, un nom imprononçable. Ça commençait par « Succi » et il y avait, dans le nom, quelque chose qui ressemblait à « curare ». Evidemment, elle était sérieusement touchée, la pauvre vieille, pour qu'on la soigne avec un produit qu'on avait pris grand soin de mettre hors de ma portée. Mon manège à images était lancé. Si elle disparaissait, elle aussi, il ne me resterait plus qu'à divorcer, et je serais libre d'attaches, enfin ! J'aurais fourni la preuve de ma docilité à la Providence qui veillait sur moi. Oui, ça, c'était ma minute d'ébriété mystique. Je la provoquais matin et soir, pour ranimer mon élan, et quelquefois dans la journée, quand il m'arrivait de m'arrêter et de me dire, étranglée par une subite angoisse : « Mais qui suis-je ? » Et puis, ça passait comme un bref vertige.

J'attendis, pour quitter la maison, que se présentât l'infirmière, une jeune femme portant comme un casque ses cheveux coupés à la Jeanne d'Arc, et je la détestai au premier coup d'œil, parce que Prince vint gracieusement au-devant d'elle et réussit à se tirer de la gorge, le bon apôtre, un petit cri touchant de chaton en détresse.

— Qu'il est mignon ! s'écria-t-elle.

« Ouais, je t'en foutrai ! » pensai-je.

J'empoignai ma valise, je fis rapidement mes adieux à Bernard. Un taxi m'emporta et, rentrant chez ma mère, j'eus l'impression que le temps venait de s'arrêter, qu'elle m'attendrait dans son bureau, que tout était à recommencer : Roissy, l'hôtel, la bouteille fracassée sur le rebord de la baignoire. Je me laissai couler dans le plus proche fauteuil.

Je note, au passage, ce détail susceptible d'intéresser des médecins. J'avançais vers le but qu'on m'avait désigné tantôt avec une sorte de zèle fiévreux, mais tantôt aussi avec une lassitude dégoûtée. Je dus prendre sur moi de téléphoner à Stéphane et manifester un enjouement que je n'éprouvais pas. Je lui expliquai rapidement la situation.

— Que puis-je faire ? demanda-t-il.

— Rien. Si par hasard Bernard vous téléphonait sous un prétexte quelconque, confirmez-lui que vous êtes retenu à Antibes pour quelque temps, à cause de cette menace de grève dont je viens de vous parler.

— Mais pourquoi toutes ces cachotteries ?

— Parce que j'ai l'intention d'aller vous rejoindre, ce week-end. En ce moment, la maison me fatigue.

Déjà qu'ils ne sont pas drôles, tous les deux. Alors, avec l'infirmière en plus !

— Mais, Christine, qu'est-ce que vous raconterez à votre mari ?

— La vérité. Ou presque. Que vous avez besoin de moi pour des raisons techniques, quoi de plus vraisemblable. Je prendrai le vol d'Air Inter. Retenez-moi une chambre au *Royal*. Je resterai là-bas samedi et dimanche. Cela ne vous fait pas plaisir ?... Je vous sens embarrassé.

— Mais non, Chris. Je suis ravi, au contraire. Je n'osais pas espérer.

— Ne parlez à personne de cette visite, naturellement.

— Bien entendu. Mais de toute façon il n'y a personne au chantier pendant le week-end. J'irai vous chercher à l'aéroport et même...

Silence. Il réfléchissait. Puis il reprit :

— Est-ce que ça vous amuserait, au lieu d'aller à l'hôtel, de coucher à bord du *Polarlis* ? C'est un bateau hollandais qui m'a été amené hier, pour des problèmes de moteur. Moi, les moteurs, ça ne m'intéresse pas beaucoup. Mais enfin, avec la crise... Et vous verrez, c'est d'un luxe, là-dedans. Je suis sûr que vous aimerez.

Je le voyais venir, ce naïf petit don Juan. Sa mauvaise étoile me le servait tout chaud.

— C'est une excellente idée, dis-je. Vite, vite, à samedi.

— Je vous embrasse, lança-t-il, au moment où je raccrochais.

Je choisis l'un des sacs à main de maman ; elle ne le portait presque jamais parce qu'il ressemblait trop à une gibecière, mais il était idéal pour voyager. A midi, je retournai à la maison, sous prétexte de voir si tout allait bien. L'infirmière avait déjà pris la chose en main. Je n'eus qu'à approuver. Elle ne voulut même pas que je l'aide pour le déjeuner. Bernard n'était pas encore rentré. Je lui laissai un mot, à mon tour. *Ne te néglige pas. Je viendrai dîner ce soir et m'assurer que tu n'as besoin de rien.* Plus l'heure de mon crime se rapprochait et plus je tenais à remplir mes devoirs. Les bourreaux aussi ont le droit d'avoir bonne conscience. Je mangeai un sandwich dans un snack, tout en tirant des plans. Revenue boulevard Saint-Germain, je logeai le pistolet au fond du sac.

Je risquais d'être arrêtée à la douane. Mais j'avais la profonde certitude que tout avait été prévu, quelque part. Je téléphonai donc à Air Inter pour retenir une place aller et une place retour et, par précaution, je donnai un nom de fantaisie : Alice Faure. Il me paraissait évident que la police chercherait un coupable d'abord dans l'entourage immédiat de Stéphane, puis parmi ses proches. J'aurais beau faire, je ne serais jamais tout à fait à l'abri. Je devais donc me procurer un alibi. Mais un samedi et un dimanche, les gens restent chez eux ou vont au cinéma ou se promener, si le temps est beau. Ils n'ont jamais d'alibi. Au policier qui, éventuellement, m'interrogerait, il me serait facile de répondre que je n'avais pas bougé du boulevard Saint-Germain, tout occupée à dépouiller les comptes de ma mère et à rédiger des lettres d'affaires. Et le samedi matin, je téléphonerais à Bernard pour lui dire que je renonçais au voyage d'Antibes et que je comptais mettre à profit le week-end pour y voir clair dans les contrats en cours. J'aurais pu m'y prendre plus adroitement avec lui et éviter toutes ces complications, mais je n'avais pas la tête assez bien faite pour embrasser d'un seul coup d'œil tous les aspects d'une situation passablement compliquée. Il me resterait des trous à combler. Tant pis ! Je voulais en finir. Vite. Vite. Plus tard, je me défendrais, s'il y avait lieu, ou même je ne me défendrais pas, ce qui serait encore le plus simple. Bien plus, peut-être que j'avouerais tout, parce que ce « tout », je m'en fichais, en vérité. D'abord, Stéphane. La peau de Stéphane. C'était maintenant une obsession.

Je retournai à Notre-Dame pour y jouir du silence et de la paix. Je regardais, avec un rien de commisération, les fidèles en prière. Je songeais que pas un seul d'entre eux n'était allé aussi loin que moi vers la lumière et ce petit mouvement de vanité m'était précieux pour tenir en échec mon angoisse. Car tous mes doutes étaient là, comme des bêtes flairant derrière une porte. Viser où ? La tête ? Le cœur ? L'arme fonctionnerait-elle ? Je n'avais jamais entendu dire qu'elle avait servi. Il y a des pistolets qui s'enrayent. Qu'est-ce que ça signifiait ? Que la balle reste coincée ? J'écoutais, distraitement, le tintement lointain d'une sonnette. Si le coup ne partait pas, Stéphane n'hésiterait pas, lui, à me frapper. Et moi, qui avais eu le courage de me taillader les poignets, je redoutais tellement la violence que j'en fermais les yeux. « Mon Dieu, accordez-moi qu'il soit foudroyé, qu'il n'ait pas le temps de se rendre compte. »

C'était une messe d'enterrement. Je vis passer près de moi, dans la grande allée, le cercueil, voilé de noir, dans une odeur d'encens, et machinalement je fis comme les assistants. Je me signai.

On m'objectera que j'oublie mon sujet. Pas du tout. Je crois honnête de noter tous ces détails qui prouvent à quel point je ne m'appartenais plus. Et il y en a beaucoup d'autres que je néglige volontairement. Qu'il me suffise, pour résumer, de signaler que je ne mangeais plus et que je dormais à coups de somnifères. Mais quand je partis pour Orly, j'étais sûre de moi, comme un matin d'examen. Et il n'y eut pas d'imprévu. J'arrivai à Nice à l'heure dite. Stéphane m'attendait. Il m'embrassa. Je lui rendis son baiser. Il n'avait jamais été aussi jeune, aussi beau, aussi gai. J'aurais pu l'aimer. Dommage !

Tout de suite, je devinai les intentions de Stéphane. Il n'était pas de ces hommes qui profitent de l'occasion, comme Dominique. Il avait un plan. Il s'était probablement dit, le matin même : « C'est aujourd'hui que je l'aurai. » Il avait pris d'autorité ma valise et nous nous dirigeâmes vers Antibes.

— On passe aux chantiers ?

Il répondit d'un ton léger :

— On est en vacances, Chris. Je vous emmène en croisière, à bord du *Polarlis*.

— Mais je n'ai pas l'intention de...

— Oh ! nous resterons à quai, n'ayez pas peur. Nous nous donnerons seulement l'illusion d'aller loin, de mener une existence de milliardaires. Vous allez voir, tout ce luxe, toute cette richesse... Moi, quand j'ai visité ce bateau, je ne vous cache pas que j'ai été très ému. Et vous le serez encore plus que moi.

Il conduisait sa voiture sans se presser, d'une main négligente. De temps en temps, il tournait la tête et me regardait pour voir comment j'accueillais ses propos. Il me voulait consentante et déjà un peu complice. Puisque j'étais venue de mon plein gré, c'est que j'acceptais d'avance toutes les conséquences de

129

ma visite. Mais il souhaitait que ma façon de l'écouter fût un encouragement. Peut-être devinait-il en moi une réticence. Peur de l'aventure ou réflexe de fidélité, ou subtile moquerie ? Qu'est-ce que signifiait mon visage, dont il n'apercevait que le profil ? S'il avait su !... Car je pensais : « Qu'il me prenne dans ses bras et je tirerai à bout portant. » Il reprit :

— Cela ne vous ennuie pas, au moins, que je vous reçoive chez un autre ? J'ai cru bien faire en vous offrant cette escapade. Vous n'avez pas une vie tellement gaie. Moi, Chris, j'aime que chaque minute soit capiteuse. Voilà pourquoi je voudrais être immensément riche. Pas vous ?

C'était donc le thème de la fête qu'il avait choisi. On se laisse griser. On s'abandonne. On oublie le tracas des affaires, la belle-mère à soigner. On cède à la tentation d'une étreinte un peu folle, qui restera sans lendemain. Bon. Je devais jouer le jeu. Il me suffisait de prendre un certain air désabusé, pour commencer.

— C'est vrai, dis-je, la vie n'est pas toujours gaie.

— La mienne est encore plus factice que la vôtre, soupira-t-il. Heureusement, j'ai mon métier, mais quoi... Qu'est-ce qu'il m'apporte ? Des satisfactions qui ne durent pas. La vérité, c'est que...

Je l'interrompis.

— Mariez-vous. Vous avez bien essayé, quand même.

Il lâcha son volant et esquissa un geste de résignation.

— Ma pauvre amie ! Si je vous racontais.

Le ton était donné. Stéphane était du genre qu'il convient de plaindre. C'était sa manière d'être entreprenant. J'aurais donc tout le temps de manœuvrer.

— Je sais, dis-je. Moi aussi, je pourrais vous raconter des choses...

Il lâcha encore une fois le volant pour m'effleurer gentiment le genou, en signe de compréhension. Et il revint, avec un entrain un peu factice, à sa description du *Polarlis*.

— Une merveille, ce bateau. Quand je l'ai vu, j'ai tout de suite pensé à vous.

— A moi ? Menteur.

Je ris de bon cœur, mais d'un rire un peu perché qui marquait à la fois scepticisme et curiosité.

— Si, si, Chris, j'aurais voulu dessiner pour vous cette superbe silhouette. Et je ne pus m'empêcher de penser, en visitant ses installations : « Offrir cela à une femme. Quel cadeau ! » C'est ce qui vous explique mon invitation. Deux jours de rêve.

Nous arrivions, ce qui me dispensa de répondre. Du haut du quai, j'embrassai d'un coup d'œil circonspect le *Polarlis*. Ce n'était pas un bateau, c'était un meuble, verni, astiqué, luisant, parcouru de reflets. On aurait presque souhaité marcher sur des patins, comme sur le parquet d'un musée.

— Venez, dit Stéphane. Vous voyez, les travaux n'ont pas commencé. Alors, ne prenez pas tant de précautions.

Il me tint la main et me conduisit jusqu'à une porte basse ouvrant sur un escalier.

— Ici, le petit salon de Van Damm, avec le coin lecture et le coin du bar. Les tableaux que vous voyez sont authentiques, des Zimmer et des Melanchthon. Venez, venez... Voici la salle à manger pour six, le vaisselier, pas de banquettes, des fauteuils. Des tapis persans sur la moquette. Oui, c'est un peu fou. Mais il n'aura qu'à vendre un peu plus de lames de rasoir... J'allume, parce qu'il fait un peu sombre. Nous sommes amarrés bord à bord avec un énorme cabin-cruiser qui appartient à un Américain. Il doit partir

131

avec ses invités la nuit prochaine. En attendant, il nous fait de l'ombre.

Stéphane appuya sur un bouton et une demi-douzaine d'appliques jetèrent une lumière douce sur les boiseries semblables à des miroirs. J'étais tellement surprise que je restais muette.

— Venez, Chris. Attention à la marche. L'échelle, à votre droite, conduit au poste de navigation, sur le pont supérieur. Mais voici la chambre, très vaste, qui donne sur la coursive menant à l'office, tout au fond. Nous visiterons aussi.

Il s'effaça pour me laisser entrer dans la pièce, tendue de soie blanche, et là, je m'arrêtai, saisie.

— Eh oui, commenta Stéphane. Avouez qu'il n'a pas mauvais goût, notre Van Damm. Un lit de milieu, malgré la relative exiguïté de l'espace. Des fourrures. Des glaces. Et si vous ouvrez ses penderies... Essayez... les portes coulissent... Vous voyez, des costumes de toutes sortes...

— Monte-Cristo! dis-je.

— Oui. Il y a un peu de ça. Mais un Monte-Cristo sensible au beau sexe. Il n'a pas oublié le boudoir... Il reçoit souvent des visiteuses!

— Où est-il en ce moment?

— A Londres. Il a donné congé à son équipage, pour me laisser le champ libre. A partir de demain, les gardes qu'il a engagés viendront ici, chaque nuit. Mais ce soir, j'ai désiré que nous ne soyons pas dérangés. N'est-ce pas, Chris?

Ce moment-là, je l'attendais depuis que nous avions mis le pied sur le bateau. Stéphane m'attira contre lui et chercha mes lèvres. Il ne savait pas embrasser, le pauvre garçon, malgré ses airs avantageux. Je m'abandonnai juste le temps de le mettre en appétit, puis je le repoussai doucement.

— Si je comprends bien, dis-je, on ne dîne pas sur votre *Polarlis* ?

— Oh! Chris, s'exclama-t-il. Où avais-je la tête ? Tout est préparé, bien sûr. La salle à manger nous attend.

Une légère secousse vint nous rappeler que nous étions sur l'eau.

— Ce sont les invités de l'Américain qui arrivent, expliqua Stéphane. Nous nous en serions bien passés, n'est-ce pas ? Je crains qu'ils ne soient très bruyants. Il est vrai que nous n'aurons peut-être pas envie de dormir.

Regard appuyé, plein de sous-entendus. Pauvre Stéphane ! Ce qu'il pouvait être maladroit !

— Je vais vous aider, dis-je. Le couvert, c'est une affaire de femme.

— Je n'ai pas pensé aux fleurs, dit-il. Pardonnez-moi, Chris. C'est tellement merveilleux de vous avoir là. Passez-moi votre sac, qui vous encombre.

Il l'empoigna d'autorité.

— Fichtre, s'écria-t-il, qu'est-ce que vous transportez là-dedans ?

— Des livres et de quoi écrire.

— Je le range dans le salon.

Il était de plus en plus enjoué et ne remarqua pas mon trouble. Tout en m'aidant, il bavardait, pour rien, pour le plaisir de se sentir vivre.

— Attention, Chris... Avec précaution, s'il vous plaît. C'est le caviar... Ah ! Qu'est-ce que vous voulez ? Ce n'est pas tous les jours dimanche. Vous aimez la langouste, bien sûr... Laissez-moi la déshabiller. J'adore faire ça.

Un soudain fracas de musique éclata près de nous.

— Ça y est. C'est parti. Ils vont danser et beugler et boire jusqu'à ce qu'ils roulent sous la table. Si vous

133

permettez, je ferme le hublot. Nous aurons peut-être un peu chaud mais nous nous entendrons parler. Ah! le vin. Un petit chablis pour commencer. Et un bordeaux bien sec. Vous aimez? Si vous préférez autre chose, ne vous gênez pas. Van Damm m'a dit, avec son accent germanique : « Fous êtes chez fous. »

Et il continuait, le malheureux garçon, et je commençais à avoir pitié de lui. Il me servait. Il parlait. Il devenait fébrile.

— Sapristi! Je n'ai pas acheté assez de pain. Quel drôle de dîner!

N'y tenant plus, je n'attendis pas la fin du repas. Je lui fis les yeux doux.

— Stéphane, murmurai-je, j'en ai autant envie que vous.

Son bavardage s'arrêta net. Sa respiration s'accéléra. Moi-même, la tête me tourna un peu.

— C'est bien vrai? dit-il.

— Rangeons d'abord. Votre Van Damm ne doit pas avoir l'impression que vous avez peut-être abusé de son hospitalité.

Déjà, je voyais loin; je pensais à l'enquête. J'avais à prendre une foule de précautions, mais Stéphane balaya ma remarque.

— Laissez, Chris. Après-demain, mon équipe prendra possession du bateau et ne regardera pas au désordre.

— Soit, dis-je. Eh bien, allez fumer une cigarette sur le pont. Après, vous me trouverez dans la chambre.

Il comprit que je ne voulais pas me déshabiller devant lui, courut à l'échelle d'où il m'envoya un baiser et grimpa quatre à quatre. J'attendis un peu avant d'aller chercher mon sac au salon. Fiévreusement, car j'étais pressée, maintenant, d'en finir, je démaillotai le pistolet et je dégageai le cran de sûreté, puis je revins dans le carré. Où devais-je me placer ? Devant le hublot, je voyais la coque blanche de l'Américain, comme un mur aveugle. De ce côté-là, je ne risquais pas d'être aperçue. Et, par un coup de chance providentiel, les invités faisaient un vacarme affreux, que perçaient, non sans peine, des éclats de trompette sur un rythme sourd de batterie.

Soudain, sur les premiers degrés de l'échelle, je vis apparaître les jambes de Stéphane. Il descendait rapidement et, quand il me découvrit toujours habillée, il s'arrêta, interdit.

— Qu'est-ce qu'il y a, Chris ? Vous êtes souffrante.

Je laissais pendre mon bras et l'arme était cachée par un pli de ma robe. J'étais au bord de la défaillance. En même temps je pensais, mais par à-coups comme un phare qui balaie la nuit : « Je sais où je t'envoie, Stéphane. Je te hais, mais tu me remercieras. »

Il vint au-devant de moi pour me prendre dans ses bras. Il tournait le dos aux énergumènes qui vociféraient. Je tirai et le recul du coup me fit perdre l'équilibre. Stéphane fut repoussé en arrière et tomba d'un bloc. S'il avait bougé, j'aurais peut-être eu assez d'énergie pour tirer une seconde fois, mais il resta immobile. Je m'appuyai à la table ; c'est lui qui était mort et c'est moi qui perdais mon énergie, ma force, mon sang. J'avais encore dans la tête le fracas de l'explosion et l'âcre fumée me fit tousser, ce qui contribua à me rendre à moi-même. Le tumulte de l'orgie continuait, à côté. Personne, certainement, n'avait entendu la détonation. Je regardai l'heure : minuit et demi. Je devais songer à ma sécurité. On n'aurait aucun mal à relever mes empreintes, un peu partout. Je devais donc procéder à un nettoyage en règle. Il prendrait beaucoup de temps mais j'étais

135

obligée de rester à bord du *Polarlis* jusqu'au petit matin. Sur le coup de sept heures, je regagnerais Nice dans la voiture de Stéphane, qui devait toujours être rangée devant la passerelle.

Ce n'est pas, je le jure, que j'aie souhaité alors me soustraire à la justice. Je préférais, bien sûr, n'être pas inquiétée, car je comprenais clairement que je passerais pour folle. Mais cette perspective ne m'épouvantait pas. De minute en minute, au contraire, je me sentais sur la voie de la délivrance. D'abord, maman pouvait jouir paisiblement de son bonheur posthume. J'avais fait le nécessaire. Et puis j'étais moi-même libérée. « Quand tu seras libre », avait dit la voix. Eh bien, j'avais tranché tous les liens. Dominique avait été effacé le premier. Stéphane ne comptait plus. Il y avait bien Bernard, mais je ne dépendais pas de lui, le pauvre garçon. Sur lui aussi, j'avais conquis mon indépendance. N'être à personne !

Je me répétais cela, tout en débarrassant la table. J'enfermai dans un grand sac de plastique tous les reliefs du dîner, et je me glissai sur le pont pour le laisser tomber à l'eau. L'air frais de la nuit se buvait comme une liqueur et fouettait en moi je ne sais quelle brusque envie de survivre. J'avais abattu l'assassin de ma mère, bon, je n'allais pas en faire une maladie. C'était peut-être horrible mais c'était juste. Je redescendis en me répétant : « C'est juste. C'est juste. » Et même, en un sens, j'aurais voulu être à sa place, dans la lumière de la vérité.

Je ramassai une douille encore chaude et je voulus ouvrir le hublot. Je m'aperçus alors qu'il était brisé. La balle qui avait tué Stéphane l'avait atteint, après avoir traversé le corps. Je lançai la douille à la mer. Le chahut continuait, chez l'Américain, illuminé comme un jour de fête nationale. J'éteignis les appliques, j'y voyais assez pour essuyer consciencieusement tout ce que j'avais touché, ce qui me prit beaucoup de temps. Aux petites heures, j'entendis un léger bruit de moteur et je vis bouger la coque blanche de mes voisins. Très doucement, pour ne pas réveiller les passagers abrutis par l'alcool et la fatigue, le bateau blanc, entre les mains d'un équipage averti, s'apprêtait à prendre la mer et, quand il se fut éloigné, le grand jour envahit le *Polarlis*. Il était près de quatre heures, et la paix profonde du dimanche me pénétrait peu à peu. Je jetai un dernier coup d'œil à Stéphane, écroulé au centre du carré. Qu'allais-je faire du pistolet ? Peut-être aurais-je dû l'employer pour lester le sac de plastique. Mais n'était-il pas plus habile et plus prudent de le remettre à sa place ? Qui sait ? Le hasard pouvait faire que Bernard ou sa mère montent à la mansarde, ouvrent la malle. Que penseraient-ils, s'ils n'avaient pas oublié l'existence de ce pistolet ? Je l'essuyai donc longuement avant de l'envelopper dans sa peau de chamois. Restait Orly. Mais j'étais bien passée une fois sans encombre. Pourquoi pas deux ? A la sortie, le contrôle visait surtout les passagers à gros bagages. Je remontai donc sur le pont pour ne plus avoir le corps de Stéphane sous les yeux et j'attendis, prête à me cacher si quelque curieux approchait, surpris par la présence de cette auto stoppée au pied de la passe-relle. Mais elle n'était pas la seule. Çà et là, il y avait d'autres voitures, beaucoup plus luxueuses, qui sta-tionnaient. Elles ne reprendraient vie que très tard dans la matinée. Je serais partie depuis longtemps.

Cependant, les quelques heures pendant lesquelles j'eus tout le loisir de voir le port s'éveiller peu à peu au soleil furent parmi les plus pénibles. Il y a un bonheur des choses livrées à elles-mêmes, une innocence des formes et des couleurs, surtout quand ce sont des bateaux de luxe, bercés de riches reflets, un spectacle qui fait mal à contempler. Je me sentais exclue, égarée entre deux mondes.

Quand il fut huit heures, je m'assurai encore une fois que tout était en ordre, si j'ose dire, à bord et, avec ma valise et mon sac, je montai dans la voiture que Stéphane n'avait même pas pris la peine de fermer à clef. Son trousseau était dans la boîte à gants. Je gagnai l'aéroport de Nice sans incident. Après... Eh bien, il y a un trou dans mes souvenirs. Orly, un taxi, le boulevard Saint-Germain, rien ne m'a marquée. Tout s'est déroulé comme prévu. J'avalai un somnifère et m'endormis aussitôt. Je n'en pouvais plus. Avant de m'étendre, encore tout habillée, j'avais réglé sur midi mon réveil, mais ce fut la sonnerie du téléphone qui me tira brutalement du sommeil. Il était onze heures et demie.

— Ce n'est pas facile de t'avoir, dit Bernard.

— Excuse-moi. Je dormais profondément. J'avais pris deux comprimés. Tu m'avais déjà appelée ?

— Oui. Deux fois.

— Il y a quelque chose de cassé ?

— Non. Maman est très bien, mais je ne veux pas qu'elle se lève et la garde a besoin de son après-midi. Alors, j'ai pensé que tu pourrais me relayer.

— Pourquoi ? Tu t'absentes, toi aussi ?

— Oh ! pas très longtemps, mais on me demande de faire une expertise.

— Le dimanche ? Où ça ?

— Avenue Foch. Le vieux Lemoine, tu sais, les conserves Lemoine. Il laisse après sa mort une collection de timbres autour de laquelle les héritiers se disputent. Il y en a pour des millions, paraît-il. Je serai absent deux ou trois heures, pas plus.

— D'accord. Je vais venir tout de suite. Nous déjeunerons ensemble.

— Merci.

Une heure plus tard, j'arrivais chez moi, le pistolet dans mon sac. Bernard me reçut avec sa gentillesse coutumière. Prince lui-même leva la tête et fit semblant de sortir, en mon honneur, d'un sommeil profond. C'est presque un regard neuf que je portai sur les choses les plus familières. Je venais de vivre des moments si extraordinaires que j'avais perdu le sens du réel. Où était le vrai ?... Ici, dans le bureau ? Ou bien à Antibes ? Ou encore boulevard Saint-Germain ?

— Tu as l'air d'être épuisée, dit Bernard.

— C'est que j'ai beaucoup travaillé. J'ai découvert dans les papiers de ma pauvre mère un désordre invraisemblable. Elle paraissait méthodique, comme ça, et puis, au fond, elle était très négligente.

— Et ce n'est pas Stéphane qui t'aidera beaucoup ?

— Quoi ?

— Il est brouillon, ce garçon. Artiste, tant qu'on voudra. Mais désordonné ! Crois-moi, tu auras des moments difficiles avec lui.

Je me hâtai d'arrêter là ces propos tellement douloureux pour moi.

— Allons voir notre malade.

— Evitons ce mot, fit Bernard en baissant la voix. Tu la connais ? Elle est de ces femmes qui prétendent n'avoir jamais eu besoin d'un médecin, ni même d'un dentiste. Leur santé, c'est leur orgueil. Alors, il faut la soigner sans avoir l'air d'y toucher. Sinon, elle se fâche. Et c'est justement ce que le cardiologue ne veut pas.

Il passa tendrement un bras autour de ma taille.

— C'est pourquoi, continua-t-il, j'ai quelque chose à te demander ; mais si tu refuses, je comprendrai.

139

— Bon. Vas-y.

— Eh bien, si c'était possible, j'aimerais que tu habites à nouveau ici, et qu'on recommence à vivre comme avant.

— Mais c'est toi, Bernard, qui m'as conseillé de m'éloigner un peu.

— Je sais. Je pensais que... et puis je me suis trompé. Dès qu'elle est sortie de son abattement, elle a voulu que je lui dise pourquoi tu n'étais pas là.

— C'est touchant, murmurai-je.

— Non. Je n'ai pas le cœur à plaisanter. Pour elle, la place d'une bru est au pied du lit de sa belle-mère, et pas ailleurs.

— Le devoir ! dis-je.

Il soupira et enchaîna :

— Elle s'est aussi mis dans la tête qu'il y avait de la brouille entre nous. Je lui ai juré que non. J'ai essayé de lui expliquer que tu étais plongée dans des problèmes de succession et que la Société Roblin avait besoin de tous tes soins. Mais qu'est-ce que tu veux ; quand elle est butée...

— J'y vais.

Il me retint par un bras.

— Fais-lui bonne figure, Chris. Pas pour elle. Pour moi. Pendant que tu montes la voir, je vais mettre la table. N'oublions pas que c'est dimanche et que nous n'avons pas la bonne. Des œufs et du macaroni, ça ira ?

— Parfait.

Je trouvai ma belle-mère à demi assise, bien calée par ses oreillers, un journal auprès d'elle.

— Ah ! vous voilà enfin, Christine.

Je l'embrassai rapidement, sur le front.

— J'étais très occupée, dis-je. En ce moment, nous perdons de l'argent.

C'était le seul moyen de la désarmer.

— Beaucoup ? demanda-t-elle.

— Un peu trop.

Elle réfléchit longuement. Ses lèvres frémissaient. Priait-elle ou bien faisait-elle des calculs ?

— Vous devriez demander conseil, ma pauvre enfant. Vous vous êtes mis sur les bras une affaire trop lourde. Bernard avec ses timbres, vous, avec des bateaux qui ne se vendent plus très bien, ça ne peut pas marcher. Bientôt, vous tirerez chacun de votre côté.

Elle m'empoigna l'épaule avec une force qui m'effraya, le temps d'achever sa phrase.

— Ça, je ne le permettrai pas.

— Mais nous n'avons pas du tout l'intention de nous séparer, m'écriai-je.

— Je voudrais le croire, Christine. Jurez-le-moi.

Je m'empressai de jurer, la voyant de plus en plus agitée. Et d'ailleurs, rien de plus vrai. Je n'avais nullement l'intention de quitter Bernard, puisqu'il me laissait la liberté dont je ne pouvais me passer. Mais qu'adviendrait-il de la pauvre vieille, quand elle apprendrait la mort de Stéphane ? Et d'abord qu'adviendrait-il de moi, de l'entreprise, de la marque Roblin, sans l'architecte qui en était le véritable animateur ? Je n'avais pas encore clairement mesuré les conséquences de sa disparition. Depuis... mon Dieu... depuis plus de douze heures, maintenant, je repoussais ce problème de toutes mes forces. Je me préparais surtout à soutenir l'annonce de sa mort avec naturel, c'est-à-dire avec une consternation bien jouée, et j'en avais assez de me dédoubler sans cesse en victime éplorée d'événements dont j'étais l'auteur. J'embrassai ma belle-mère avec une feinte conviction. Pourquoi pas ? Je n'en étais plus à ça près, et j'allais rejoindre Bernard qui s'expliquait avec des œufs sur le plat en train de se racornir.

— Alors ? Comment l'as-tu trouvée ?

— Nerveuse, angoissée pour rien.

— Elle t'a parlé de nous ?

— Elle n'attendait que ça. Elle soupçonne que nous lui cachons un conflit.

Bernard fit glisser les œufs de la poêle dans une assiette, s'essuya soigneusement les doigts avec un Kleenex et s'assit en face de moi.

— Ça ne te fait rien, de manger dans la cuisine ? dit-il.

Je pensais au capitaine qui nous surveillait d'habitude, du haut de son cadre. Son pistolet était toujours dans mon sac. Je ne répondis pas. Bernard me tendit la bouteille de Ketchup, et insista :

— Qu'est-ce que tu lui as dit ?

— Qu'elle avait bien tort de se mettre martel en tête. Nous nous entendons parfaitement.

— Merci, Chris. Vois-tu, elle a peur de mourir et que je reste seul, ici. Elle m'a toujours couvé.

— Je sais. Elle aurait souhaité pour toi une seconde mère qui prenne sa suite.

— Exactement. Voilà pourquoi nous devons l'entourer de sourires.

— J'essaierai.

J'avalai quelques bouchées à grand-peine, et je repoussai mon assiette.

— Excuse-moi. Je n'ai pas faim. Si tu permets, je vais dormir un peu.

— Va, va. Je rangerai et après j'irai à mon rendez-vous.

Quand il partit, je me levai et je montai sans bruit jusqu'à la mansarde. Vite, je débarrassai la malle, je l'ouvris avec mille précautions et je glissai le pistolet dans son étui. Il y avait des chances pour qu'il demeurât là, coincé sous le ceinturon, jusqu'à la mort de Bernard, devenu octogénaire.

Je redescendis, soulagée et presque parée d'une innocence toute neuve. Encore quelques heures. Le garde au service de Stéphane découvrirait le corps et préviendrait... Qui ? J'ignorais les procédés de la police, mais, de toute façon, il s'agirait de la police d'Antibes et de Nice. Toute l'enquête se déroulerait là-bas. On me laisserait tranquille. Mon Dieu, maintenant, accordez-moi la paix.

Ce fut boulevard Saint-Germain que la nouvelle me parvint. Il était dix heures et demie. Je travaillais depuis un long moment pour occuper mon esprit. Le corps de Stéphane avait été découvert, forcément. Alors ? Pourquoi toute une nuit pour lancer l'enquête ? J'aurais déjà dû être prévenue. Que signifiait ce retard ? Devais-je m'inquiéter ou me rassurer ? Et si j'appelais ? Si je demandais à parler à Stéphane ? Est-ce que ce ne serait pas la meilleure façon de me mettre à l'abri ? Je tendais la main vers le téléphone quand il sonna et je fis un saut en arrière, comme si l'appareil avait voulu me mordre, tant j'étais sur les nerfs.

— Madame Vauchelle ?

— Oui. Moi-même.

— Ici, l'officier de police Morucci. Je vous appelle d'Antibes.

— Il est arrivé quelque chose aux chantiers ?

(Je n'avais pas à me forcer pour laisser paraître mon angoisse.)

— Oui. Il s'agit de votre ingénieur.

— Stéphane Legris ?

— Oui. Il a été tué la nuit dernière, d'un coup de pistolet. Allô ?

145

— Oui, dis-je la voix tremblante. J'écoute.

— On l'a trouvé à bord du *Polarlis*. C'est un bateau qui appartient à un Hollandais, Van Damm, que nous essayons de joindre. Savez-vous pourquoi Stéphane Legris était à bord du *Polarlis* ?

— Aucune idée.

— Ce n'est pas un bateau sorti de vos chantiers ?

— Non. Mais nous ne faisons pas que du neuf. Nous acceptons aussi certaines réparations. La crise sévit chez nous comme ailleurs.

— Je vois.

— On a volé quelque chose ?

— A première vue, non. L'avez-vous visité, ce bateau ?

— Je n'en ai pas encore eu le temps.

— Pourriez-vous venir le plus vite possible ?

— Moi ? Que... ?

— S'il vous plaît. Toute cette affaire n'est pas claire et vous pourrez sans doute nous expliquer certains points obscurs.

Je n'avais pas pensé un seul instant que je serais obligée de retourner là-bas. Mais qu'est-ce qu'il voulait dire avec ses points obscurs ?

— Allô, madame Vauchelle ?

— Excusez-moi. Je réfléchissais. Bon. D'accord. Je prendrai le premier vol de l'après-midi, s'il y a encore de la place.

— Merci. A l'aéroport de Nice, vous n'aurez qu'à me demander. Je vous attendrai.

— Vous me garderez longtemps ?

— J'espère que non, mais retenez quand même une chambre à Antibes.

Il raccrocha et je repassai, dans mon esprit, notre bref entretien. Sa voix n'avait-elle pas quelque chose d'un peu agressif ? La façon dont il m'avait dit : « S'il vous plaît » ? Et puis ces points obscurs ? J'avais pourtant fait bien attention.

Et alors, la peur me tomba dessus. Une peur horrible et telle que je n'en avais jamais connu de pareille. Toutes mes épreuves précédentes, je les avais affrontées avec résolution, mon suicide, la découverte de ma mère morte, mon crime lui-même... J'avais un but. Et maintenant ? Eh bien, je m'effondrais parce que, me croyant sauvée, j'avais démobilisé toutes mes énergies. La protection d'en haut, qui ne m'avait manqué à aucun moment, était en train de m'abandonner. Et j'étais soudain comme ces illuminés qui jettent des bombes sur les princes. S'ils n'étaient pas sûrs d'avoir raison, ils découvriraient qu'ils sont des monstres. Peut-être étais-je un monstre ? Je me martelai la tête de mes poings et m'écriai, à haute voix : « Dites que je suis folle. »

Au bruit, je revins à moi et m'aperçus que j'avais oublié de replacer le téléphone sur sa fourche ; je tremblais encore au point que je dus m'y reprendre à plusieurs fois. J'allai boire un grand verre d'eau. J'avalai une aspirine. La panique, tout doucement, sortait de moi comme un démon qu'on exorcise. J'enchaînai les initiatives indispensables, appeler Orly, puis l'hôtel, à Antibes, puis Bernard. Quand il apprit la nouvelle, son premier mot fut : « Maman ne doit pas savoir ! » Evidemment, j'allais avoir à surmonter des problèmes financiers dont ma belle-mère serait la première à supporter les effets. Tant pis !

Bernard regrettait de ne pouvoir m'accompagner, mais je compris que la disparition de Stéphane n'était pas pour lui déplaire. J'abrège. J'ai hâte, en effet, d'aborder le chapitre le plus dramatique de ce rapport. Donc, je trouvai l'inspecteur Morucci à ma descente d'avion. C'était un homme d'une quarantaine d'années, sec et noiraud comme un cigare, les mains sans cesse en mouvement, cherchant des choses égarées dans ses poches. Des façons de concierge de palace, dès qu'il s'adressait à une dame. Il m'embarqua dans sa Peugeot qu'il arracha brutalement du parking, mais il m'épargna l'avertisseur de police. En revanche, tout de suite les questions.

— Quand avez-vous vu M. Legris pour la dernière fois ?

— Il y a une semaine.

— Et puis, vous lui aviez téléphoné ?

— Plusieurs fois, oui.

— Vous a-t-il paru bizarre, inquiet ?

— Oh ! pas du tout. C'était un garçon qui vivait dans l'instant.

— Vous-même, vous n'avez jamais reçu de menaces ?

— Moi, des menaces ?

— La construction navale ne marche pas fort, sur la Côte. Il y a eu des bruits de lock-out. Alors, des ouvriers en colère...

— Non. Je suis catégorique.

Il doubla deux poids lourds, avant de reprendre.

— A votre avis, ce crime n'a rien à voir avec les activités de la victime ?

— Rien. C'est pourquoi je ne comprends pas.

— Vous ne retenez pas l'hypothèse du crime passionnel ?

— Ça m'étonnerait. Stéphane Legris n'était pas homme à entretenir une liaison. Une aventure par-ci, par-là, je ne dis pas. Mais il n'y avait que son travail qui comptait.

— Vous vous entendiez bien avec lui ?

Je me rassemblais pour faire front, mais je sentis

148

aussitôt que Morucci ne cachait aucune arrière-pensée. Je haussai les épaules.

— Nous avions, de temps en temps, quelques accrochages, évidemment, mais nous nous faisions mutuellement confiance. Et votre avis, à vous ? Vous avez bien une idée.

— Oui, mais très vague. Personnellement, je pencherais pour un banal fait divers. Vous allez comprendre dès que nous arriverons au port.

Il se tut jusqu'au moment où il stoppa sur le quai, près du *Polarlis*, devant lequel un policier montait la garde.

— Venez.

Il me précéda sur la passerelle. J'avais beaucoup de peine à me composer un visage plausiblement surpris, tandis que mon cœur m'échappait. Il me tendit la main pour m'aider à descendre.

— C'est ici, dit-il.

J'étais sur le lieu de mon crime et je dus m'asseoir.

— M. Legris, poursuivit-il, a été frappé en plein cœur. Il se tenait debout où je suis et la balle l'a traversé, a touché le hublot et s'est perdue de l'autre côté. Mais, de l'autre côté, il y avait un bateau, du genre cabin-cruiser, le *Pious Puffin II* et ma théorie, c'est que la balle s'est logée dans sa coque. Malheureusement, ce bateau qui appartient à un industriel américain a levé l'ancre à destination de Gênes et Naples. En ce moment, on essaie de le retrouver.

— Pourquoi ?

Morucci prit son air le plus malin.

— Parce que la balle peut nous conduire au pistolet. D'après moi, voici ce qui a dû se passer. Avant de quitter Antibes, le propriétaire du *Pious Puffin* a invité à son bord des amis, sans doute très nombreux, et ils étaient tous ivres à partir de minuit. Ils faisaient une fiesta à tout casser, comme on nous l'a rapporté. Votre ingénieur, qui avait la responsabilité du *Polarlis*, est venu se rendre compte et il est tout à fait vraisemblable qu'il s'est pris de querelle avec un ami de l'Américain. Il l'a invité à descendre ici pour constater l'intensité du chahut. Ils ont finalement échangé des coups et la bagarre s'est terminée comme vous savez. C'est comme ça que j'explique les choses et je mettrais ma tête à couper que le pistolet que nous cherchons est encore à bord du bateau américain. Je pense qu'il s'agit d'une espèce d'accident. L'agresseur est retourné sur le *Pious Puffin II* et il est probable qu'il a oublié la rixe, dans les fumées de l'ivresse. Et comme tous ces gens-là naviguent pour le plaisir, vous pensez bien qu'ils ignorent complètement ce qui s'est passé ici. A sa première escale, le bateau sera immobilisé et fouillé. Mais vous voyez les complications de toutes sortes. J'ai bien peur, si ma théorie est valable, que nous ne soyons obligés de nous écraser et de classer l'affaire.

A mesure qu'il parlait, je me sentais renaître. Moi qui revoyais toute la scène, j'étais sûre qu'il avait raison. Et dans ce cas, plus rien à craindre.

— J'étouffe un peu, ici, dis-je.

— Oh! excusez-moi. Je comprends votre émotion.

Il m'aida à reprendre pied sur le quai, et nous fîmes ensemble quelques pas. Je me rappelle qu'il y avait du mistral et que toutes les mâtures se balançaient avec une lenteur écœurante.

— Sa mère a été prévenue, reprit Morucci. Je pense que les obsèques auront lieu après-demain, ici.

Je promis d'y assister et Morucci me conduisit aux Chantiers. A partir de maintenant, je devais me débrouiller au mieux, dans une situation qui me paraissait inextricable. Si encore j'avais eu des notions de droit ; mais ma licence de lettres ne pouvait me servir en rien. J'appelai donc Bernard au secours, afin qu'il m'envoyât un expert. J'avais promis à Morucci de rester à sa disposititon et j'ai gardé le souvenir de journées affreusement épuisantes, conférences avec le personnel, téléphone, questions de la police, installation de l'expert, un petit vieux qui étouffait dans ses vêtements trop chauds et qui critiquait tout. Et pendant ce temps, on poursuivait en vain le *Pious Puffin II*. Morucci n'en démordait pas. Le coupable était à bord. Il n'y avait pour lui aucune autre explication.

L'affaire occupait la première page des journaux. *Crime mystérieux à Antibes. La plaisance en deuil*, etc. Et naturellement, il y avait dans tous les coins des reporters qui accouraient en foule dès que je me montrais. D'étranges rumeurs circulaient. Le *Pious Puffin II* avait disparu. Faisait-il de la contrebande ? Toute cette agitation m'accablait. Et, dernière épreuve, de discrets sondages m'apprirent que des firmes concurrentes s'intéressaient à mon entreprise. Mon contremaître me lâcha, pour une maison établie à Lorient. Ce n'était pas encore le sauve-qui-peut, mais ces premiers craquements annonçaient le désastre.

— Vous employez trop de monde, me dit l'expert. Et vous avez tort de négliger la construction de petites unités à la portée d'une clientèle moyenne qui cherche d'abord à se distraire et pas à battre des records.

Bernard, consulté, fut du même avis. Chaque soir, je l'appelais et il se créait entre nous une espèce d'amitié nouvelle, une camaraderie de combat. Au fond, s'il n'avait pas été mon mari, s'il ne m'avait jamais regardée d'une certaine façon qui me salissait, je me serais sentie en confiance auprès de lui. Il avait un jugement sûr et beaucoup d'expérience. Il m'épaulait de son mieux pour m'aider à sortir de cette passe difficile. Après chaque échange téléphonique, j'éprouvais une certaine détente. Je me couchais et j'essayais de me relaxer. Morucci n'était plus un danger, depuis qu'il courait après le *Puffin*, et d'ailleurs, je n'avais jamais pensé sérieusement que je pourrais être inquiétée. Aucune trace ne remontait jusqu'à moi. Il m'arrivait encore, mais de moins en moins souvent, d'avoir des bouffées de peur semblables à ces bouffées de chaleur de la ménopause. Je n'y faisais plus attention. Je mettais à profit ces moments de repos pour renouer avec ce qu'il faut bien que j'appelle ma vie intérieure. Côté cœur, non, je n'avais rien à me reprocher. J'avais fait justice, c'est tout. Mais côté esprit, il n'en allait pas de même. Tant de soucis m'accaparaient que je ne trouvais plus le temps de méditer, de revivre par le menu l'expérience qui m'avait transformée. En outre, je commençais à apercevoir des arrière-plans d'âme, si j'ose dire, qui me donnaient à réfléchir.

Voyons ! Pourquoi m'étais-je jetée à la tête de Dominique ? Parce que je m'ennuyais à mourir, et que j'étais lasse d'une existence aussi bête. Dominique parti, encombrée de moi, de ma peine, de ma passion en toc, j'ai eu recours au suicide peut-être faute d'héroïne ou de quelque autre drogue foudroyante. Et puis ça a été la merveilleuse révélation qui m'a procuré l'exaltation sans laquelle on ne peut survivre. On n'a plus le droit de se vautrer dans l'ennui, dans le non-sens, quand on a vu l'autre côté du monde. Mais même la joie s'use, à la longue. Peut-être que Dieu en personne devient une rengaine quand on le prie à chaque instant. J'étais tellement ballottée par les événements que la Voix qui m'avait interpellée commençait à se perdre et je n'y prenais pas garde.

J'étais tout entière livrée à mes émotions d'aujour-
d'hui et, en un certain sens, elles me suffisaient. A
la limite, si je ne m'étais pas méfiée, le drame
m'aurait donné la même impression de plénitude que
l'extase. J'aurais trahi la Voix qui m'avait sauvée. Oui,
c'est vrai, la mort de Stéphane, la vaine poursuite du
Puffin, le tumulte qui m'entourait, tout cela me
procurait une ténébreuse volupté, comme si j'avais été
l'enjeu d'une empoignade entre forces occultes oppo-
sées. Et voici où je veux en venir : je craignais l'instant
redoutable où la tempête qui me bouleversait s'apai-
serait. Je reprendrais la vie commune, entre un
homme frustré, sa mère malade et son chat narquois.
Alors ? Où et comment me procurer la drogue miséri-
cordieuse ? Et j'avais le front de parler de ma vie
antérieure ! Comme si j'avais vraiment envie de calme
certitude, de paisible possession d'une inaltérable
vérité, alors que ma vérité à moi, c'était le goût de la
secousse, de la déchirure et du défi.

J'eus envie, brusquement, de retrouver mes livres,
boulevard Saint-Germain, où j'avais rangé en attente
une quinzaine d'ouvrages traitant de la survie. J'avais
besoin de lire d'autres témoignages qui ne manque-
raient pas de me rendre l'état d'ébullition où je me
sentais délivrée de moi, de mes doutes et de mes
frayeurs. Chez ma mère, mon vrai chez-moi, je pourrais aussi poursuivre la rédaction de ce rapport sans
risque d'être surprise. Je m'aperçois que j'ai oublié de
noter de quelle étrange manière je m'acquittais de
cette tâche. Mais, comme j'en arrive à un point
particulièrement important — d'où ces espèces d'investigations psychologiques qui n'auront d'intérêt
que pour des médecins —, je dois revenir en arrière,
car mes lecteurs pourraient se dire : « Mais quand a-
t-elle eu le temps de rédiger un aussi long mémoire ? »

Eh bien, d'abord, ce n'est pas un vrai mémoire. Il s'agit ici d'un mélange probablement obscur d'observations, de témoignages, de fragments de récit, jetés à la volée sur le papier, souvent pendant les absences de ma mère, ou celles de Bernard, car l'un et l'autre, pour des raisons diverses, étaient fréquemment dehors. Dès le début, j'ai évité de me servir d'un cahier trop facilement repérable. J'ai utilisé des bouts de papier, des feuilles volantes, du papier à lettres, portant l'en-tête du *Flore* ou de *La Rhumerie*, au hasard de mes sorties, et puis ça m'amusait qu'on me voie écrire dans un café, comme un auteur confirmé. J'avais toujours, avec moi, un grand sac, celui qui m'a permis de transporter le pistolet, et j'y fourrais pêle-mêle mes productions, de sorte que si quelqu'un y avait mis le nez, il aurait cru à des brouillons. Moi-même, je vais avoir un mal de chien à remettre de l'ordre dans ce fatras.

Ensuite, et cela j'y tiens, je ne souhaite pas qu'on publie ces pages, ni même qu'on en donne d'importants extraits. Précisément parce que mon texte est formé de morceaux dont le contenu est très varié, il se prête à un découpage dont il est facile de citer de courts passages. Ma seule ambition, c'est de figurer, par-ci par-là, d'une manière très brève, à côté de ces témoignages, comme ceux qui ont été rassemblés par le Dr Osis ou le Dr Kübler-Ross qui apportent à tant de gens malheureux un inappréciable secours. Et par exemple, il est inutile qu'on sache que j'ai tué un homme mais il n'est pas sans intérêt qu'on apprenne de ma bouche que les vilaines actions ne comptent pas et qu'il n'y a pas de jugement dernier, ni d'enfer. L'enfer, il est ici. C'est la prison de chair, la geôle sans porte ni fenêtres des passions. Que dis-je! L'enfer, c'est l'ennui, ce tête-à-tête avec soi-même qui est la pire épreuve. C'est ça, ma découverte. Je l'offre au monde.

J'informai l'inspecteur Morucci de mon intention de regagner Paris. Il ne souleva aucune objection. En retour, il m'apprit que le bateau américain venait d'être signalé à Capri et que la police italienne allait faire le nécessaire.

— Je n'espère pas grand-chose, dit-il. Ce serait miracle si on pouvait retrouver la balle. Tout est bizarre, dans cette affaire. Nous savons, par l'autopsie, que la victime venait de manger du caviar. Cela signifie que mes premières suppositions sont fausses. En réalité notre ingénieur avait invité quelqu'un à bord du *Polarlis*. Je vous défie de m'expliquer ce caviar si l'on maintient l'hypothèse d'une rixe survenue par hasard. M. Legris attendait quelqu'un, voilà la vérité. Peut-être une femme ? Le couple a-t-il été surpris ? Ce qui est sûr, c'est que le ou la coupable a tout remis en ordre avant de disparaître. Pas la moindre trace d'une partie fine.

— Mais quel rapport avec le *Pious Puffin* ?

— Justement. A première vue, on n'en voit pas. La balle est le seul élément matériel qui puisse nous fournir un semblant de piste. Et encore, rien n'est moins sûr. Les avocats de Van Damm s'agitent. Ça commence à faire vilain.

— Quand comptez-vous être renseigné ?

— Oh ! d'un jour à l'autre, si le propriétaire du bateau se montre coopératif.

Morucci me raccompagna, me serra la main.

— La perte de votre ingénieur doit vous créer bien des difficultés, j'imagine.

— Enormes, dis-je. C'est pourquoi je dois rentrer à Paris.

— En cas de besoin, où pourrais-je vous joindre ?

— Chez moi. Je n'ai pas l'intention de m'éloigner.

Je fus touchée par l'accueil de Bernard, qui vint m'attendre à Roissy avec une satisfaction évidente. Et encore ce n'est pas le mot exact. Si j'en avais le talent, je voudrais préciser la nature de ses sentiments. Qu'il me fût attaché, cela sautait aux yeux. Mais il tenait à moi comme un toxicomane tient à son poison. Quand nous causions, il affectait en général une certaine gaieté, évitait de me regarder avec cette avidité triste qui crispait parfois son visage ; ce que j'appelais en moi-même son visage de solitude. Mais il y avait aussi sa façon de me manger des yeux que j'avais surprise plus d'une fois, dans mon miroir, au moment où je retouchais mon maquillage. Je sentais qu'il vivait dans la crainte perpétuelle de me voir partir, et j'étais sûre que ma belle-mère entretenait sa hantise. Il n'avait jamais accepté de bonne grâce la demi-indépendance que j'avais conquise sur lui. Pour moi, il ne faisait aucun doute qu'il avait appris ma brève liaison avec Dominique et il devait se ronger à la pensée que j'avais failli me tuer pour l'amour d'une espèce de douteux play-boy. Et pourquoi n'aurais-je pas recommencé avec un autre. Mon pauvre Bernard ! Par moments, j'avais grand-pitié. Mais je détestais le rôle de la femme infidèle qu'il me faisait jouer par un certain ton cérémonieux et glacé qu'il excellait à prendre, quand je rentrais à la maison sans lui avoir dit, avant de sortir, où j'allais.

— Mais je ne te demande rien, disait-il ; et cela signifiait si clairement : « Tu vas mentir ! », que j'avais envie de le mordre.

Tandis que l'avion survolait la banlieue, j'avais longuement repensé à mon mariage raté. Et maintenant, l'entreprise Roblin battant de l'aile, l'heure n'était-elle pas venue, pour moi, de me retirer et d'envisager le divorce. Mais Bernard manifesta une vraie joie, en me voyant. En vérité, sa joie à lui, sans effusion, sans embrassade. Il se contenta de me dire :

— Ce voyage ne t'a pas trop fatiguée ?

Tout était dans ses yeux, dont je connaissais si bien les différentes lumières. Et puis aussi dans sa voix, celle qu'il réservait à Prince, quand il lui parlait le matin et s'informait avec douceur : « On a bien dormi ? » Oui, il était heureux de me capturer à nouveau. Il porta ma valise jusqu'au taxi. Je lui racontai l'enquête, les déductions hasardeuses de Morucci. « Pas bête, pas bête, murmurait-il. Cette histoire de balle perdue donne à réfléchir. » Mais il attaqua très vite le problème qui lui tenait à cœur.

— Te voilà obligée de remplacer Stéphane. Par qui ? Maman pense qu'il serait peut-être intéressant d'entrer en pourparlers avec vos concurrents, Joanneau, par exemple, ou Nedellec. Si tu attends, ce sont eux qui te dicteront leurs conditions.

S'ensuivit une discussion qui ne tarda pas à nous opposer. Je coupai court.

— Dès cet après-midi, je prendrai mes dispositions.

— Mais quelles dispositions ? Tu devrais en parler avec maman. Elle a son mot à dire.

Ça, c'était la remarque à ne pas faire.

— Je démissionnerai, lui lançai-je au visage. Que ta mère se débrouille puisqu'elle a des idées. Et puis, tiens...

Je me penchai vers le chauffeur.

— Déposez-moi boulevard Saint-Germain, au 113 *bis*.

— Chris ! Bon ! D'accord. J'ai bien eu tort de me mêler de tes affaires. Mais je t'en prie...

Il donna un ordre au chauffeur, qui haussa les épaules avec impatience et s'écria :

— Faudrait savoir !

Prince était là, dans le couloir, qui avait senti de loin son maître et échangea avec lui un regard d'amoureux. Quant à moi, il ne me vit même pas. Mais ma belle-mère me vit, elle. Son coup d'œil valait un coup de bistouri. Droit au cœur. Les pensées secrètes sur la table d'autopsie. Cependant elle s'efforça de s'arracher un sourire de bienvenue et les apparences furent sauvées. Mais j'ai hâte d'en arriver à l'essentiel.

Nous buvions notre café en silence, parce que c'était l'heure des informations à la télévision. Il fut soudain question du *Pious Puffin*. Eh bien, Morucci ne s'était pas trompé. Côté tribord, un peu au-dessus de la ligne de flottaison, une balle s'était bien enfoncée dans la coque. Une balle de pistolet, précisait le commentateur. Mais la police avait en vain fouillé le bateau et ses passagers. Pas d'arme. Le coup semblait donc bien avoir été tiré par quelqu'un de l'extérieur.

« La balle, disait le journaliste, a été envoyée au laboratoire pour examen balistique. Il ne faut pas oublier que chaque projectile a sa physionomie propre, et en quelque sorte son pedigree. A l'heure actuelle, des plongeurs explorent le fond du bassin autour du *Polarlis*, car il est possible que le criminel ait jeté son pistolet à l'eau avant de s'enfuir. »

— Ce serait un coup de chance, observa Bernard. Encore une tasse de café, Christine ? Ce voyage t'a démolie. Ne pense plus à ce drame idiot.

Cette balle perdue m'a causé bien des insomnies. A première vue, elle ne pouvait pas m'incriminer. Tant que la police ne mettrait pas la main sur le pistolet, je ne courais aucun risque. Et là où l'arme était cachée, bien malin qui serait capable de la trouver. N'empêche, une sourde angoisse me travaillait. J'avais beau me dire : « Supposons, cependant, qu'elle soit découverte, bon, je suis arrêtée, Bernard étant à Paris au moment du meurtre et sa mère sous la garde d'une infirmière. Il n'y a donc qu'une coupable possible. D'accord. On me juge. On me condamne. Et après ? »

C'est cet « après » qui continue à m'appartenir. J'échappe à mes juges par cette ouverture sur « l'après-vie » qui m'a été montré, entrebâillé, à demi offert. « Plus tard, quand tu seras libre. » Eh bien, je l'étais, libre ! Et quoi qu'il pût arriver, j'étais déjà une évadée. Alors, interrompant mes occupations, j'ouvrais au hasard l'un des livres, mes compagnons fidèles, car j'en avais toujours un à ma portée. Des citations, des témoignages, il y en avait à profusion.

« A mon réveil, j'ai voulu tout raconter aux infirmières, mais elles m'ont conseillé de n'en parler à personne. » (Evidemment, c'est le Grand Secret)...

« Mes parents et moi avons demandé au docteur ce qu'il en pensait. Il nous a répondu que cela se produisait fréquemment : en cas de très forte douleur, l'âme se détache du corps. »... Ou encore : « Avant ma crise, je me gâchais toutes les joies du présent. Maintenant, j'ai complètement changé d'attitude. »

Je pouvais même me réciter par cœur certains extraits qui me tenaient lieu de prière. « Maintenant, c'est mon esprit qui se situe au centre de mes préoccupations tandis que mon corps a pris la seconde place. » Et cette phrase, en particulier, qui me réconforte tellement : « Depuis mon accident, j'ai souvent l'impression de déchiffrer les vibrations qui émanent des gens. » (Et non seulement des gens, mais des bêtes, car je lis aisément dans la pensée de Prince!)

Oui, je suis un esprit. Je me le répète. Je me jure que rien ne peut m'atteindre et pourtant l'inquiétude me corrode comme un acide. C'est au point que j'écris ces quelques lignes au présent, comme si j'avais perdu la conscience du temps. Mais non. Je me rappelle chaque minute de cette affreuse journée, mon cœur cessant de battre comme une horloge qui s'arrête. Depuis, il s'est remis en marche, mais peut-être pas pour longtemps.

J'étais boulevard Saint-Germain, je venais d'écrire ma lettre de démission et j'en étais fort satisfaite. Le téléphone sonna. C'était l'inspecteur Morucci. Il paraissait très excité.

— Je vous ai déjà appelée à votre domicile, dit-il. Je m'excuse de vous poursuivre ainsi, mais il y a un fait nouveau, comme je l'ai expliqué à votre mari.

— J'écoute.

— La balle a été examinée avec soin par mes collègues du labo. Elle provient d'un 7,65. Jusque-là, rien de bien extraordinaire. Mais ce que le public ignore, en général, c'est que tous les projectiles que

nous étudions sont soigneusement conservés, étique-
tés, classés, car ils peuvent parfois nous révéler qu'ils
ont été tirés par un pistolet déjà en notre possession.
Ou bien le pistolet dont ils proviennent finit, un beau
jour, par être découvert et le coupable ne tarde pas à
être identifié.

Je l'interrompis.

— Vous avez découvert le pistolet ?

Ma voix devait trembler. C'était plus fort que moi.
Comment la police aurait-elle pu repérer l'arme que
j'avais moi-même cachée au fond de la malle ? Idiote
que j'étais ! Au contraire, c'était plutôt rassurant ce
que Morucci me racontait.

— Non, continua-t-il. Et dans le cas présent, c'est
presque sans importance.

— Comment ça ?

— Vous allez comprendre. Cette balle est identique
au projectile qui a tué votre mère, Mme Roblin. Nous
en avons la preuve formelle.

— Et alors ?

— Alors, concluez vous-même. L'inconnu qui a tué
M. Legris à Antibes s'est servi du pistolet avec lequel il
a tué votre mère à Paris.

Cette fois, il y avait dans ma pauvre tête un tumulte
qui... Cela ressemblait à une déflagration d'images,
d'idées, de bouts de phrases. J'explosais littéralement
parce que personne n'avait pu utiliser le pistolet du
capitaine. J'en étais absolument sûre.

— Allô ?... Madame Vauchelle... Vous voyez maintenant pourquoi je vous appelle. L'enquête va repartir à
Paris.

— Pourquoi ?

— Mais parce que l'assassin appartient forcément à
l'entourage de Mme Roblin. Un client peut-être qui

161

aurait eu à se plaindre d'elle et de son ingénieur. Vous pouvez nous aider beaucoup.

Rire étouffé ou sanglot, j'avais comme un corps étranger dans la gorge. Je toussais pour me dégager.

— Pardon, s'écria Morucci. Parlez plus fort.

— Je dis que je ne vois pas comment vous aider.

Je n'écoutai pas la suite. Je raccrochai. L'évidence me brûlait à bout portant, comme un jet de feu. Stéphane innocent, restait Bernard. Les deux balles étaient identiques. J'avais tiré la seconde avec un pistolet dont seul Bernard connaissait l'existence. Un seul pistolet pour les deux balles. Deux coupables et pas trois ni quatre. Seulement deux. Lui et moi. C'était Bernard qui avait tué maman. Mais les spécialistes du laboratoire ne s'étaient-ils pas trompés ? J'avais beau me crisper en un refus désespéré, la vérité commençait à me gagner comme un mal mortel. Bernard savait depuis toujours, lui, que le pistolet était là-haut, dans la malle, avec l'uniforme du capitaine. J'étais obligée d'admettre qu'il avait tué maman, même si cela me paraissait invraisemblable. Ensuite, il avait remis l'arme à sa place, soigneusement, comme il faisait toute chose.

J'allai chercher la bouteille de porto et je bus à même le flacon comme une pocharde, ce qui m'emplit les yeux de larmes. Soit ! Morruci avait raison mais il faudrait m'expliquer pourquoi le doux, le gentil Bernard s'était métamorphosé en brute sanguinaire. Rentrant à la maison, après avoir découvert ma mère morte, je l'avais trouvé un peu inquiet, mais tout de suite affectueux, empressé, le Bernard du soir, qui m'attendait paisible en caressant son chat. Enfin quoi, je n'avais pas rêvé. Et le Bernard du matin était le même homme calme, soigné, sans rien de trouble ni dans la physionomie, ni dans la démarche. Et c'était encore un Bernard plein de tact, de retenue, avec la nuance de compassion d'un gendre qui prend sa part de peine, qui avait accueilli la nouvelle de notre deuil. Un Bernard impeccable.

Il est vrai que, de mon côté, j'avais menti en virtuose. Mais moi, j'avais à me défendre, à parer aux attaques de tout le monde, si je ne voulais pas m'enferrer. Tandis que lui...

Mais quel motif avait-il ? Ma mère, au fond, n'était rien pour lui. Rien que le P.-D.G. d'une société dans laquelle sa famille avait des intérêts. Et ce n'était pas en la supprimant qu'il contribuerait à la prospérité de l'affaire. Une légende raconte qu'il suffit d'enfermer un scorpion dans un cercle tracé sur le sol pour qu'il se suicide. Il chemine d'abord le long de la ligne et, quand il s'aperçoit qu'elle n'offre aucune issue, il se pique avec son dard et meurt. Et moi aussi, je faisais le tour du cercle et...

Soudain, je sursautai. Ah ! je n'avais pas encore découvert toute la vérité, et c'était plus affreux que tout le reste. Morucci avait dû mettre Bernard au courant et alors Bernard savait, maintenant, que j'avais tué Stéphane. La chose lui paraissait sans doute monstrueuse et inexplicable, mais le fait était là, pour lui comme pour moi, nous clouant tous les deux au mur, de la même évidence. Et de même que j'étais forcée de conclure à la culpabilité de Bernard, de même il ne pouvait pas ne pas conclure à la mienne, en dépit de toutes les apparences. Je ne le comprenais pas. Il ne me comprenait pas davantage, mais quoi : il n'y avait qu'un pistolet pour deux.

Et attention ! S'il me venait à l'idée de me venger de lui ; de son côté, il en serait de même. Nous représentions l'un pour l'autre la même menace. Je tenais toujours ma bouteille par le goulot. Elle me glissa des doigts et se brisa à mes pieds. Est-ce que je voulais me venger de Bernard ? Oui, mille fois oui. Je n'allais pas, cette fois, me tromper d'assassin. Mais Bernard, du même mouvement, voulait, lui aussi, se venger de moi, car pouvait-il ne pas penser que Stéphane avait été mon amant ?

Je commençais à m'embrouiller complètement dans mes réflexions. Je n'avais plus la force de les reprendre une par une, de les nouer en une chaîne solide. J'en savais assez pour l'instant. Et je devais parer au plus pressé. Je mis sous enveloppe ma lettre de démission. Bernard y verrait l'aveu de mon crime, quand sa mère lui en parlerait. Tant pis. Ensuite, j'entrepris de réunir et de classer tous les éléments de ce rapport, afin d'en faire un ensemble cohérent, que je me réservais de photocopier, en trois exemplaires : un pour mon notaire, un pour votre secrétariat, Messieurs, et le dernier pour moi. Ce dernier, si j'en avais le temps, perdrait son caractère initial pour devenir un simple journal dont je commençais à entrevoir l'utilité. Enfin, je rédigeai une courte note, à l'intention de Me Bertagnon.

Je soussignée Christine Vauchelle, saine de corps et d'esprit, exige, par la présente, d'être l'objet d'une autopsie effectuée aussitôt après mon décès, tout me portant à croire qu'on en veut à ma vie. Le responsable ne pourrait être que mon mari, Bernard Vauchelle. Le rapport ci-joint, dont le double est entre les mains de l'association « Savoir Mourir », jetterait toute la lumière sur les raisons cachées de ma disparition.

Christine Vauchelle, née Roblin.

J'ajoutai encore quelques lignes à mon rapport avant de le glisser dans une grande enveloppe :

A partir d'aujourd'hui, les circonstances risquant de jouer contre moi, on ne s'étonnera pas si mon récit devient décousu, voire incohérent. Cela ne signifiera nullement que je perds la tête, mais simplement que je me bats, vaille que vaille, pour ma vie. Si je le peux, j'enverrai des notes supplémentaires, comme ces explorateurs qui, jusqu'au bout, mettent un point d'honneur à tenir informé le monde civilisé de leur fin prochaine.

Christine Roblin (Je refuse de m'appeler Vauchelle plus longtemps)

Je renoue le fil de mon récit. J'aurais pu me taire, attendre et voir venir. Je craignais une explosion de violence et je dus prendre sur moi pour retourner auprès de Bernard, après avoir posté mes lettres. Bernard travaillait dans son bureau, sous la garde de Prince.

— Ah ! te voilà, dit-il.

Tout simplement. Sans hausser le ton. Si bien que je ne sus que répondre. Je m'assis dans l'un des fauteuils. Il alignait des chiffres, pianotait sur sa machine à calculer, en apparence bien loin de moi. Bref, tel que je l'avais toujours connu, sérieux, appliqué, et détestant qu'on vienne le distraire. Je le regardai un moment en silence. Ce n'était pas possible ! Cet homme si calme était un assassin et, par sa faute, j'avais tué un innocent. Dès que j'essayais de ramener ma pensée sur cette chose monstrueuse, elle m'échappait, comme un instrument d'optique qu'on ne parvient pas à mettre au point. Je devais me contraindre à remettre bout à bout les deux vérités qui s'entrebattaient dans ma tête. « Puisque la deuxième balle, c'est moi..., la première, c'est lui. » Il comptait toujours, sans lever la tête. Gonflée par une soudaine montée de colère, je dis :

— Comme tu voudras !

Et je me préparais à sortir, quand il daigna enfin me parler.

— Le pistolet de papa n'est plus là-haut, depuis que ce policier d'Antibes m'a téléphoné.

Je revins sur mes pas. Bernard se massait les yeux, comme quelqu'un qui souffre d'une pointe de migraine. Enfin, de son poing fermé, il donna un petit coup sur le bureau.

— Il est là, reprit-il. Je n'ai pas encore eu le temps d'aviser, mais...

— Tu attends, dis-je, de m'avoir tuée comme maman.

Et alors, je me déchaînai.

— Tu ne peux rien contre moi. J'ai pris mes dispositions, figure-toi. A l'heure qu'il est, mon notaire a en main une lettre qu'il doit ouvrir à ma mort. J'ai demandé une autopsie. Et en outre, j'ai préparé un long mémoire pour l'association Savoir Mourir. J'ai tout raconté.

Il m'interrompit.

— Tout ? Tu es sûre ?

— Quoi ?

— Tes amants. Je ne parle pas seulement de Dominique, mais de tous les autres.

— Quels autres ?

— Ecoute, Christine. Puisque tu veux la vérité, mettons-la sur la table, une bonne fois. Après Dominique, il y en a eu d'autres.

— Faux.

— Pourquoi allais-tu passer chez ta mère presque tous les samedis après-midi ? Ne mens pas. Elle était ta complice.

— Ah, je te défends de...

— Pas de grands mots, s'il te plaît. Tu disais ici :

166

« Je vais chez maman », et là-bas, tu disais : « Bernard croit que je suis avec toi. Si par hasard il téléphone, dis-lui que je viens de sortir. »

Que répondre, puisque c'était vrai. Mais pas vrai comme il l'entendait. Je pris le parti de causer calmement.

— J'avoue, pour Dominique.

— Tu l'aimais assez pour te suicider après son départ ?

Lui aussi avait baissé la voix. Nous mâchions tous les deux la même amertume.

— Tu ne peux pas comprendre, dis-je.

— Qu'est-ce que tu en sais ? Je t'ai fait suivre par un détective privé. J'ai souffert comme... comme... Tiens, je ne trouve pas le mot parce qu'il n'y a pas de mot... Je n'y pouvais rien, si tu avais besoin de cette sorte d'amour que moi, j'étais incapable de... Tu n'avais pas le droit, Christine. Encore Dominique, j'aurais peut-être pu me résigner. Quand je t'ai vue, à la clinique, misérable, les poignets bandés, j'ai eu tellement mal... Mais après! Tu as recommencé. Avec qui ?... J'ai refusé de l'apprendre. J'ai remercié mon policier. Mais je voyais arriver avec terreur chaque week-end. Et c'était le samedi. Et tu t'habillais. Tu te faisais belle. « Je vais chez maman, Bernard. » Elle était ta maquerelle.

Je bondis sur mes pieds.

— Retire ça. Tout de suite.

Nous haletions soudain. Je le devinais prêt à ouvrir un tiroir et à me tirer dessus. Et moi, si j'avais été armée, je jure que je n'aurais pas hésité. Il s'apaisa peu à peu. Ses mains cessèrent de trembler.

— Je pourrais l'appeler autrement, murmura-t-il. Mais peu importe. Que tu le veuilles ou non, elle était encore plus coupable que toi. Et à la fin, j'ai craqué.

167

C'est toi que je visais, à travers elle. Mais je n'avais pas la force.

— Et maintenant ?

— Oh ! maintenant, s'interrogea-t-il. Tu es pire que tout ce que j'avais imaginé.

Il avait pris sa voix posée de marchand de timbres qui discute avec un client.

— Je ne suis pas fou, Christine. Tu es de ces femmes qui laissent tomber sans scrupule un homme qui ne leur plaît plus, mais qui n'acceptent pas qu'on les lâche. Stéphane t'a trompée. Tu l'as tué.

Ce n'était plus un fossé qui nous séparait. C'était un gouffre. Comment lui faire comprendre ?

— Je croyais que Stéphane avait tué ma mère parce qu'elle l'avait congédié. Mon pauvre Bernard ! Mes amants ! Mes amours ! Tu es une vraie midinette.

— Et toi ?... Mais nous n'allons pas nous invectiver comme... comme...

Il cherchait toujours ses comparaisons, le malheureux. Sorti des timbres, il n'était pas très doué. Mais il avait raison. Tous les deux, nous étions bien au-delà des injures. Le chat écoutait, tendant parfois une oreille en arrière.

— Naturellement, dis-je, tu as mis ta mère au courant.

— Eh bien, non, justement. Je ne veux surtout pas qu'elle sache que ma femme est une criminelle.

— Tu préfères que sa belle-fille ait épousé un assassin.

Nous n'en sortirions pas. Chacun de nous disposait des mêmes armes que l'autre. S'il me tuait, ma lettre au notaire le conduirait aussitôt en prison. Mais ce qui me désespérait, c'est que, lui comme moi, nous étions sûrs d'avoir le droit pour nous. S'il avait abattu ma pauvre mère, c'était au nom d'une certaine morale. Et

168

moi, en un sens, j'étais innocente de la mort de Stéphane. Je m'étais trompée, voilà tout.

— Je te dénoncerai, dit Bernard.

— Moi aussi. Et ta mère découvrira qui je suis, mais en même temps qui tu es.

Il me jeta un regard d'autant plus terrible qu'il savait garder son visage impassible d'expert.

— N'oublie pas, ajoutai-je, que je peux dès maintenant lui raconter la vérité sur toi.

Une vilaine grimace, alors, lui crispa la bouche. Il ouvrit son tiroir, en sortit le pistolet et le pointa sur moi.

— A la moindre allusion, fit-il, je tire. Il arrivera ce qui arrivera, mais il y a encore des avocats à Paris.

— Bernard, tu n'es pas très malin. Ainsi, tu t'imagines que je tiens à la vie. Mais, mon pauvre ami, je suis déjà morte une fois, ne l'oublie pas. Le meilleur service que tu pourrais me rendre, ce serait de me tuer ici, tout de suite.

Cette fois, je vis que j'avais touché juste. Il s'adressa à Prince.

— Elle est complètement folle, murmura-t-il.

Je poursuivis mon avantage.

— Vise au cœur, comme tu l'as fait pour maman. Allez ! Tu vois. Tu n'es pas de taille. Je vais te dire. Jamais tu n'auras le cran de me tuer de sang-froid, les yeux dans les yeux. Tu es fichu, mon petit Bernard. Tellement fichu que je te donnerai à lire un exemplaire de mon rapport à l'association Savoir Mourir. Tu pourras apprendre sur moi tout ce que tu ignores encore. Tes soupçons odieux, ton crime de malade, et je ne parle pas de ton hypocrisie monstrueuse ; tout s'y trouve en détail.

Lentement, avec les précautions d'un luthier maniant un violon, il recoucha l'arme dans le tiroir, s'essuya les doigts avec un Kleenex et, d'un ton las, me dit :

— Va-t'en. Ne reviens plus ici.

— Attention, Bernard. Pense à ta mère.

— Elle sait qu'entre nous ça ne va pas, et depuis longtemps. Le mieux, c'est que nous divorcions.

— Dans ce cas, je mettrai mon avoué au courant de tout.

— Tu veux vraiment nous perdre tous les deux.

— Oui.

Le mot ne fut que chuchoté et pourtant il parut briser le silence. Le chat ouvrit un œil. Bernard saisit une règle et ses mains blanchirent dessus.

— Je me défendrai.

— Mais voyons, réfléchis. Supposons que l'affaire vienne en justice. Moi, qu'est-ce que je risque ?... J'ai tué par inadvertance. Parfaitement. J'aurais une chance d'être acquittée. Mais toi tu as prémédité ton crime. Tu iras expliquer à un jury que ma mère, P.-D.G. d'une entreprise moderne et de grand avenir, protégeait les amours de sa fille comme une entremetteuse ! Allons donc, tu écoperais du maximum. A ton âge ! Tu vois où ça te mènerait.

Je lui laissai le temps de faire le tour du problème. Et ce que je dis ensuite m'épouvanta car je n'avais jamais pensé si loin, je le jure.

— Tu ne peux rien contre moi. Ni parler ni te taire, car si tu parles, tu t'accuses et si tu te tais, c'est la dépression qui te guette. Mais moi, je possède encore une arme. Quand tu auras lu mon rapport, tu t'apercevras que je ne mens pas quand je reconnais que la vie me pèse de plus en plus. Je n'ai donc pas besoin d'user de violence contre toi, mais rien ne m'empêche de me suicider, sachant ce que je sais.

— Tu ne...

— Mais si. Il me suffira de sauver certaines apparences. Mon notaire ouvrira ma lettre, et ce sera à la police de jouer.

Prince s'était roulé en boule, une patte verrouillant son museau, ce qui signifiait qu'il n'y était pour personne, et le silence était tel qu'on entendait son petit souffle régulier. Soudain la sonnerie du téléphone éclata, nous faisant sursauter tous les trois. Bernard décrocha.

— Allô ?... Le commissaire Leriche ! Mais je croyais que l'enquête se cantonnait à Antibes... Ma femme ? Elle est là, justement. Je vous la passe.

En prenant le combiné, je sentis qu'il était mouillé de sueur, ce qui me donna la mesure du désarroi de Bernard. Leriche reprenait l'enquête à Paris et me convoquait à la P.J., ce qui sonnait un peu comme une menace. Mais aucune menace ne pouvait plus m'atteindre.

— J'y serai, commissaire.

Et l'enquête repartit, avec les mêmes questions. Cela tournait comme un manège. Je veux oublier cette navrante musiquette, qui repassait sans cesse les mêmes fausses notes. J'avais quitté ma mère vivante à dix-huit heures, et l'emploi du temps de Stéphane était clairement établi pour toute cette journée-là. Rien non plus de suspect dans l'emploi du temps de tous nos familiers. Quant à la mort de Stéphane, abattu avec le même pistolet qui avait tué ma mère, elle restait toujours inexplicable. Avait-on vraiment à faire au même assassin ? Donc, sur toute la ligne, échec. Le commissaire, évidemment, flairait le coup tordu. Mais les conséquences du double crime contribuaient encore à nous innocenter tous, parents, proches et familiers, car, sur les conseils de mon expert, j'annonçai le dépôt du bilan. Les Chantiers

Roblin, privés de leurs deux animateurs, devaient passer la main.

J'aime autant résumer toutes ces péripéties, sans intérêt, pour en venir au plus important. Je donnai à lire le double de ce rapport à Bernard pour qu'il se persuade bien que ma disparition entraînerait sa perte. Bravade de ma part ? Oui, un peu. J'étais tellement sûre d'avoir eu raison, et lui, paraissait tellement noir, tellement cauteleux, que ce récit, d'avance, me donnait un avantage en me permettant non seulement de le dominer, mais encore de le mépriser. Ma mère me voyait et m'approuvait, j'en étais certaine.

— Tu veux vraiment que je lise tout ça ? me demanda Bernard.

— J'y tiens. Si nous sommes encore conduits à nous quereller, nous saurons du moins pourquoi.

Il haussa les épaules et confia à son chat : « Complètement dingue ! »

Le plus étonnant, c'est que notre vie commune reprit comme avant. Ma belle-mère, furieuse d'être victime, entre autres, de la déconfiture de notre entreprise, évitait de me parler. Je n'avais droit qu'à un furtif petit signe de tête, quand elle prenait place sous le portrait du capitaine. De la mort de Stéphane, elle n'avait recueilli que des échos dans la presse. J'étais convaincue qu'elle avait essayé d'interroger son fils. Autant frapper à une porte close. Bernard était l'homme le plus secret que j'ai connu. Et il excellait à jouer ce rôle de personnage au-dessus de toute épreuve. Mais moi qui devinais tout, comme si la résolution que j'avais prise avait éveillé en moi je ne sais quelle clairvoyance, je savais qu'il lisait. Pas dans l'appartement, de peur d'être surpris, mais dehors,

dans un café, dans une bibliothèque. Et je lui demandai un jour :

— Où en es-tu ?

— A ton suicide, dit-il.

Je m'étais promis de ne plus rien ajouter à ce que j'ai déjà écrit. Et puis les choses prennent une tournure si bizarre que je ne peux me retenir de les noter. Ma dernière phrase était : « A ton suicide ! » Depuis, bien des jours ont passé ; nous aurions dû, je pense, nous déchirer de plus en plus férocement. Or, c'est tout le contraire qui s'est produit. Bernard a non seulement lu mon rapport jusqu'au bout, mais encore il a commencé à le discuter, comme s'il avait espéré venir à bout de ce qu'il appelait mon entêtement.

Nous étions face à face comme des gladiateurs également adroits qui cherchent à fatiguer l'adversaire par des feintes et des ruses destinées à tromper sa vigilance. Nous nous installions dans son bureau. Il décrochait le téléphone, et nous commencions à causer, comme des gens qui ont tout leur temps et qui se plaisent ensemble. Il gardait sur les genoux mon rapport, une main à plat sur la chemise cartonnée qui le contenait et, pour m'impressionner, il m'en citait des passages qu'il commentait sans colère apparente, tout en usant des termes les plus méprisants, comme « ta bouillie prétentieuse », ou « ta sentimentalité poisseuse ». Je me gardais bien de prendre la mouche.

Je le regardais calmement, ou même il m'arrivait de sourire pour lui rappeler que c'était moi qui conduisais notre jeu mortel. Quelquefois, je l'interrompais pour lui dire : « J'ai vu » ; ce qui ne manquait pas de le jeter — mais secrètement — hors de ses gonds.

— Tu as vu, répliquait-il, la voix un peu tremblante. La belle affaire ! N'oublie pas que tu étais saignée à blanc et que ton cerveau était en état d'asphyxie, faute d'oxygène. Alors, il s'est mis à bafouiller. Tu as raconté n'importe quoi. C'est un cas qui relève de la médecine. Ton espèce de religion de quat' sous n'a rien à faire là-dedans.

— Tu as peut-être raison.

Il s'arrêtait, me scrutait pour voir si je mollissais ou si je ne voulais pas plutôt dire : Cause toujours ! Prince sautait sur ses cuisses, s'y installait un nid où il s'allongeait, repliant ses pattes sous lui avec onction, comme un moine qui abrite ses mains dans ses manches. Bernard se récupérait, puis revenait à la charge.

— J'y vois clair, tu sais. Avant de rencontrer Dominique, tu n'étais pas heureuse ici. Oh ! j'en suis sûr. Je ne suis pas un psychiatre, mais... Quoi ?

— Rien. Continue.

— Tu as été poussée au suicide par désespoir, je le veux bien, mais surtout par dégoût de tout, de moi, d'une vie bornée. Ce n'est pas vrai ?

Il devenait pathétique, pataugeant dans ses petites raisons de petit bonhomme. Je faisais oui de la tête, pour l'aider.

— Quand on t'a sauvée, au bord du néant...

Je le coupai aussitôt :

— Pas de néant. Ça n'existe pas, le néant.

— Bon. Je dirai : quand on t'a repêchée, on a ramené à la vie ton corps, mais pas ton esprit. Lui, il est resté « suicidé », en porte à faux entre deux mondes... Pourquoi ris-tu ?

— Je te trouve plaisant, c'est tout.

— Tu me fais perdre le fil.

— Je suis restée en porte à faux, d'après toi.

— Ah ! oui. Eh bien, depuis, tu ne supportes plus d'avoir été récupérée. Tu es revenue pleine d'une rancune haineuse, dont ce pauvre Stéphane a été la première victime. Et après lui, ce sera mon tour et après moi ce sera enfin le tien, car je suis persuadé que tu voudras retourner... là-bas. Et tout ça, pourquoi ? Pour une illusion. Tu vois, ce qui me frappe, c'est que tu n'aimes personne. Toi d'abord. Il n'y a que toi qui comptes.

Je me ferme. Je me barricade. Qui donc lui a enseigné que c'est là qu'on pouvait m'atteindre ? Et il sent tout de suite que le coup a porté.

— Moi, dit-il, je t'ai aimée. Si je t'avais moins aimée, je n'aurais pas...

Il se tait. Je me tais. Un silence, puis il se lève, jette dédaigneusement mon rapport sur le bureau. Pas de commentaire. Il raccroche le combiné et sort.

Encore une journée morte. Je vais acheter quelques nouveaux livres. Il en paraît de plus en plus. Ce problème de la survie passionne de plus en plus de lecteurs. Je me retire dans l'ancien appartement de ma mère, où je m'enferme. Au fait, pourquoi est-ce que je m'enferme ? Je n'ai rien à craindre de Bernard. Je sais qu'il a caché le pistolet. Il me l'a dit. Mais je reste sur mes gardes, car il peut céder à un mouvement de fureur, ou bien se persuader que ma lettre au notaire ne représente pas une menace sérieuse. C'est une question que je me pose souvent. Je m'aperçois maintenant que mon rapport peut s'interpréter de deux façons. La première, je me fais son avocat. Il a

177

tué ma mère dans un coup de colère et, aveuglé par la jalousie, il a tué ensuite Stéphane, croyant qu'il était mon amant. C'est simple et convaincant. Qu'il se retourne contre moi, pour finir, c'est peut-être affreux mais c'est logique.

La deuxième façon (cette fois, c'est moi qui suis en cause) tout commence par mon suicide raté. Je perds la tête et abats successivement ma mère et Stéphane avant de supprimer Bernard. Ça aussi, c'est acceptable. Un jury aurait le choix entre la colère de l'un et la démence de l'autre. Et comme je sais encore raisonner, je me dis que si l'on prend mon rapport au sérieux, c'est Bernard qui fait figure d'assassin, tandis que si l'on repousse mon rapport, c'est moi qui passe pour une pute. A tout prendre, je serais juré, je condamnerais Bernard à dix ans de prison. Donc, qu'il vienne à tenir le même raisonnement que moi, et il comprendra qu'il peut m'abattre sans grand risque. C'est justement ce que je ne peux pas, moi, supporter. Il doit payer. Et la seule manière qui me reste de faire justice, c'est que ce soit moi qui le tue de mes propres mains.

Ce que j'ai pu tourner et retourner dans ma tête ce dilemme : je le laisse vivre et il continue à vouloir me prouver que je n'ai rien vu ni rien entendu. Il triomphe. Je le délivre de lui (peut-être par le poison) et je l'envoie dans cet Au-Delà qu'il nie mais qui, si j'ose dire, lui ouvrira les bras, car, de l'autre côté, il n'y a que pardon et joie. Jamais, non, jamais, je ne serai l'artisan de son bonheur. J'aime mieux qu'il vive dans ce monde, qu'il y macère dans son incrédulité. Même s'il doit me tuer. Même s'il échappe à la prison. Même s'il se frotte les mains, chaque jour, en pensant : je l'ai eue, elle, et ses visions.

Pauvre idiote que je suis. To be or not to be, hein ?

Etre ou ne pas être vengée. Je traîne partout cette noire mélancolie qui me ronge. Mais lui, il n'est pas non plus très brillant. La vérité, c'est que nous avons peur l'un de l'autre, malgré tous les raisonnements, tous les calculs du monde. Certes, j'obtiendrais facilement ma grâce, si je baissais pavillon, si je lui avouais que je me suis trompée, que ce que j'ai entendu, c'était mon agonie qui parlait. Mais j'en suis à ce stade de la haine où l'on est prêt à monter sur le bûcher.

Il m'a fait suivre par le détective privé dont il a déjà utilisé les services. Peut-être croit-il que je cherche à acheter une arme. Il a dû être bien attrapé car je suis entrée à Notre-Dame. J'y viens souvent. Je pense à tous ces saints personnages dont certains portent leur cœur et leur tête dans leurs mains. Tous apparaissent dans un nimbe ou un halo. Tous ont été plus ou moins torturés. Et moi aussi, je suis de cette famille de martyrs qui ont refusé jusqu'au bout de se parjurer. C'est pourquoi je me sens bien ici, dans cette pénombre recueillie. Je promets à l'entité qui m'a parlé de tenir bon, au péril de ma vie. A lui tout seul, Bernard, en dépit de ses bonnes manières, représente assez bien la populace déchaînée des soirs de pogroms. Il ne hurle pas : « A mort ! », mais il a toujours son pistolet sous la main.

Le temps passe. Nous réussissons à vivre côte à côte dans cette grande maison. Il a encore maigri. Moi aussi. Il me surveille, car l'idée du poison lui est venue, à lui aussi. Comme il ne manque pas de subtilité, il s'est dit que si j'absorbais une dose caractéristique d'arsenic, par exemple, ma lettre au notaire le désignerait infailliblement. Au contraire, s'il réussissait à m'intoxiquer très lentement, très progressivement, ma mort ne paraîtrait pas suspecte. C'est du moins ainsi que je vois les choses. D'où je conclus que le danger vient de lui. Et naturellement, il sait que je sais. Il sait, du même coup, que je suis capable de prendre les devants. D'où ce continuel « garde-à-vous », sous les regards de la vieille dame qui ne se préoccupe que de la liquidation de l'entreprise Roblin et trouve normal que nous ayons les mêmes soucis qu'elle.

J'ai bien songé à divorcer. Est-ce que ce serait pas le plus simple ? J'en ai parlé à Bernard. Il n'est pas d'accord. Il prétend que le scandale tuerait sa mère. Non. En réalité, c'est de moi qu'il ne peut se déprendre. Je lui fais peur, mais en même temps je lui suis indispensable parce que pour lui, maintenant, la grande affaire c'est de me convertir, ou plutôt de me ramener à ce qu'il appelle « le bon sens ». C'est comme une rage qui l'a pris. Il est devenu un fanatique de sa religion du vrai. Il a rédigé des notes, des arguments, et quand il se met en devoir de les développer, il n'oublie jamais de me dire : « C'est pour ton bien, Christine. C'est parce que je t'aime. » Des exemples, je n'ai que l'embarras du choix. Je cite, presque au hasard (c'était dans son bureau, avant de déjeuner) :

— Prends le L.S.D., dit-il, ou bien des anesthésiants comme la Kétamine. Tu vois que je suis bien renseigné. Ils provoquent tous des...

Il allait dire des hallucinations. Ce mot ne doit surtout pas être prononcé s'il ne veut pas que je m'en

180

aille en claquant la porte. Il continue, sur le ton de la discussion la plus objective :

— ... des états de dédoublement bien connus.

Je l'interromps calmement :

— Je n'étais pas droguée.

— Non, d'accord. Mais tu n'étais pas non plus dans ton état normal. Voyons ! Tu l'as écrit, oui ou non.

— Oui. Mais tu interprètes tout de travers. En perdant mon sang, c'est comme si j'avais perdu mon corps. Le sang, c'est une espèce de défroque dont on doit se débarrasser si on veut se posséder en esprit.

L'esprit, l'âme, ce sont des mots qui le font pâlir d'indignation. Je suis l'hérétique, la « mal pensante ». Il n'a pas besoin de se vêtir d'une cagoule pour dissimuler son visage d'inquisiteur. Il en a les regards ardents mais il se force à parler de sa voix la plus doucereuse.

— Des états comme le tien, reprend-il patiemment, les neurologues s'en sont occupés. Il y a des... des affections du système nerveux qui produisent exactement les mêmes effets. Je viens de lire dans un de tes livres un article du Dr Lukianewitz sur l'illusion « autoscopique »...

— Personne ne le prend au sérieux, dis-je. Ce que tu repousses avec tant de violence, tout le monde l'admet aujourd'hui : la voyance, l'action à distance et même la bilocation.

Cette fois, il éclate. Il donne un coup de poing sur la table. Prince court se cacher sous la bibliothèque.

— Assez, crie-t-il. Sors d'ici.

— Bon, bon. Ne te fâche pas.

Mais il se reprend aussitôt, regarde sa montre.

— Maman doit rester en dehors de ce conflit, dit-il. Allons déjeuner.

Quelques instants plus tard, nous sommes réunis

tous les trois autour de la table. A peine un mot, de temps en temps, pour demander le sel ou la corbeille à pain. Les regards, parfois, se croisent et se fuient aussitôt. Prince tourne autour de nous, réclamant une petite bouchée avec sa voix de détresse. Ou bien il allonge une patte quémandeuse et de la griffe sollicite un genou. Il est notre seul trait d'union. Sans lui, le silence serait insupportable. Je remarque que Bernard mange avec précaution, surveille mes mains, comme si j'étais assez adroite pour laisser tomber sur le poisson ou les légumes quelque poudre maléfique. Mais c'est à l'heure du café qu'il est le plus vigilant. Nous consommons du café instantané dont le goût, un peu âcre, pourrait masquer la présence d'un produit suspect. Je bois à petites gorgées gourmandes. Je lui souris et murmure :

— Tu n'as rien remarqué ? Le sucre en poudre ?

Il voit bien que je me moque, et pourtant il n'ose plus vider sa tasse. Le soir, le jeu continue.

— Qu'est-ce qui vous amuse ? demande la vieille dame.

— Une petite discussion que nous avons eue, répond gentiment Bernard.

Mais l'affrontement recommence dès que nous sommes assurés d'être seuls, téléphone coupé. Il a changé de tactique. Il m'attaque sur des points où je suis sans défense, feuilletant lentement mon mémoire comme un examinateur qui s'adresse à un candidat malheureux.

— C'est plein de trous, dit-il d'un ton dégoûté. On saute du coq à l'âne. A te lire, on ne sait même pas s'il pleut où s'il y a du soleil. Les détails qui t'embêtent, tu les sautes. C'est bien joli de dire « Passons ! C'est sans intérêt ! » Mais c'est peut-être le plus intéressant que tu omets volontairement. Et moi ! Je n'apparais que lorsque tu as besoin de moi dans ton récit. Et encore par allusions, pour ne pas dire à la sauvette. Et la nature de tes rapports avec ta mère. Escamotée! Au lecteur, en somme, de se débrouiller, de remplir les blancs.

A la fin, je perds patience.

— Ça signifie quoi, cet épluchage? Que je ne sais pas écrire? La belle découverte!

— Oh! non! s'écrie-t-il. Tu serais plutôt trop habile. Cette façon que tu as de suspendre tout ton récit à ce que tu appelles « ton expérience spirituelle », c'est le rideau de fumée derrière lequel tu caches tes vrais sentiments, tes vraies motivations.

— Je suis une refoulée, c'est bien ça?

— Heureux que tu le reconnaisses.

— Mais je ne reconnais rien du tout.

Il rit, d'une manière que je juge insultante, et du plat de la main, il tape sur mon classeur.

— Tu ne t'en rends pas compte, mais tout ce qui est écrit là te condamne. C'est la maison de santé, ma fille. Et tous les boniments à ton notaire n'y changeront rien.

— Et toi, avec ta jalousie délirante, tu crois que tu n'es pas un gibier de psychiatre?

J'ai honte de telles scènes et lui aussi, probablement. Ce cauchemar au jour le jour, combien de temps va-t-il durer? Il n'y a aucun moyen d'y mettre fin. Nous sommes liés l'un à l'autre, comme ces suppliciés qu'un révolutionnaire sadique faisait jeter dans la Loire. Parfois, je regarde longuement les cicatrices de mes poignets. Pourquoi est-ce que je m'acharne à lutter? La voix m'a dit : « Plus tard, quand tu seras libre. » Eh bien, il ne tient qu'à moi de me libérer. Seulement, il me faudrait une force, un élan, que je ne possède plus. User d'un rasoir, de sang-froid, m'est

impossible. J'ai perdu l'exaltation qui me serait nécessaire. Restent les barbituriques. C'est long, peu sûr,
mais quoi d'autre ?

J'ai acheté des barbituriques. Le tube est là, dans
mon sac. Les sarcasmes de Bernard ont cessé de
m'atteindre.

Le carrefour était noir de monde. Deux agents
essayaient de faire reculer les curieux. Il y avait, au
milieu de la chaussée, une voiture de police au
gyrophare branché et une ambulance d'où deux
hommes en blanc sortaient une civière. Un peu plus
loin, un taxi gisait sur le toit et une camionnette,
l'avant défoncé, les portières béantes, perdait des
caisses marquées « Fragile ». On marchait sur du
verre. On se bousculait pour apercevoir les blessés.
Les derniers arrivés essayaient de se faufiler au
premier rang. Il était trois heures de l'après-midi. La
foule, négligeant les feux, bloquait la circulation.

— Qu'est-ce que c'est ? Une bombe ?
— Non. C'est la camionnette qui a embouti le taxi.
— Elle allait vite ?
— Pour faire valser une 504, rendez-vous compte.
— Il y a des victimes ?
— Je ne sais pas. J'ai entendu le bruit, mais le
temps d'arriver, c'était plein de peuple.
— Laissez passer, criaient les agents. Circulez !
Une femme sortit à grand-peine de la bousculade.
— Je ne peux pas voir ça, disait-elle. Mais elle

consentit à expliquer : Ils étaient deux dans le taxi, un homme et une femme. Ils sont pleins de sang.

— Et l'homme de la camionnette.

— Ils l'ont emmené. Pour moi, il devait être ivre.

Il se fit un grand silence quand les secouristes poussèrent les civières dans l'ambulance. On eut le temps d'apercevoir une chevelure blonde, qui oscillait sur le brancard. L'un des infirmiers tenait à bout de bras un flacon dont le tuyau de caoutchouc descendait vers l'autre corps. Les voitures mirent en marche leur avertisseur et s'éloignèrent rapidement, tandis que des policiers, sortis d'un car stationné plus loin, traçaient des traits sur le sol et prenaient des mesures. Les deux épaves, échouées au milieu du trafic, n'étaient plus que de la ferraille morte dont on s'empressait de détourner les yeux.

Au C.H.U. les choses allaient vite. On savait manier les corps avec dextérité. L'interne procéda à un examen rapide, tandis qu'une infirmière examinait les papiers des blessés et dictait les renseignements à une dactylo.

— Vauchelle, Bernard... né le... à... domicile...

— Vauchelle Christine, née Roblin...

Christine, les yeux clos, le visage sans couleur, entendait, très loin, des mots qui lui semblaient familiers.

— Lui, dit une voix d'homme, il est dans le coma. Salle 14. Mais il est foutu. Elle, je crois qu'elle s'en tirera. On opère tout de suite.

Christine fit un immense effort pour ouvrir les yeux, et elle crut tout d'abord qu'elle se trouvait à nouveau dans ce couloir qui l'avait conduite — mais quand ? — vers une grande lumière. Ce n'était pas le même couloir. Il était plus clair que l'autre mais aussi long. Elle glissait sans effort. Elle ne souffrait pas. On

185

l'attendait. Des silhouettes verdâtres, des visages masqués. Au-dessus d'elle, un luminaire à la fois pâle et brillant, qui ne faisait aucune ombre. Mais l'autre lumière non plus. On la soulevait. On l'allongeait sur une couche dure et froide. Elle ne s'en inquiétait pas. Elle était sûre, maintenant, que la porte allait s'ouvrir. Elle remua les lèvres.

— Qu'est-ce qu'elle dit ? chuchota une voix assourdie par le masque.

— Je n'ai pas bien compris. Je crois qu'elle a dit qu'elle était libérée.

Et puis ce fut le noir qui tomba sur elle comme un couperet.

Quand elle reprit connaissance, il y avait des médecins autour d'elle.

— N'essayez pas de bouger, recommanda le plus jeune. Vous êtes dans le plâtre pour quelque temps. Mais, je vous l'affirme, vous êtes hors de danger. Et, croyez-moi, vous revenez de loin. Allons. Il ne faut pas pleurer. Vous allez voir comme c'est bon de vivre. Alors, on se détend bien. On se repose. On se laisse aller.

Elle murmure :

— Et lui ?

— Chut. Défense de parler.

— Est-ce qu'il est mort ?

Les médecins, ils étaient trois, se consultèrent à voix basse, puis celui qui devait être le chirurgien lui prit la main.

— Oui, dit-il, mais il a eu une fin qu'on souhaiterait à tous ceux qu'on aime. Il est sorti quelques instants de son coma. Il avait retrouvé toutes ses facultés. Cela arrive plus souvent qu'on ne croit. Nous n'avions, en tout cas, jamais vu un visage aussi rayonnant. Il a dit, à plusieurs reprises : « J'ai vu. J'ai vu », et puis il a ajouté : « Laissez-moi y retourner » et il est mort juste à ce moment-là... Eh bien, eh bien, madame !

Ils entourèrent le lit, rejetèrent le drap. Le chirurgien se rassura aussitôt.

— Syncope ! Rien de grave... L'aiguille... Non, la plus fine. J'aurais dû me méfier... L'émotion, pardi. Là... Voilà. C'est fini... Mais pourquoi diable a-t-elle eu soudain cette expression bizarre ? Comme si ça ne lui faisait pas plaisir ? Je comprendrais mieux un mouvement de désespoir. Mais pas ce mouvement de colère.

Il ouvrit la porte

— Fernande. On vous la confie. Elle est fragile. Vous regarderez ses poignets. Elle a essayé de se suicider, autrefois. Alors si, par malheur, elle apprenait qu'elle ne pourra plus jamais marcher !...

DES MÊMES AUTEURS

Aux Éditions Gallimard

Dans la collection Folio Junior

SANS-ATOUT CONTRE L'HOMME À LA DAGUE. *Illustrations de Daniel Ceppi, n° 180.*

SANS-ATOUT ET LE CHEVAL FANTÔME. *Illustrations de Daniel Ceppi, Paul Hagarth et Gilles Scheid, n° 476 (édition spéciale).*

LES PISTOLETS DE SANS-ATOUT. *Illustrations de Daniel Ceppi, n° 523.*

Aux Éditions Denoël

CELLE QUI N'ÉTAIT PLUS, *dont H. G. Clouzot a tiré son film* Les Diaboliques.

LES LOUVES, *porté à l'écran par Luis Saslavsky et remake par la S.F.P.*

D'ENTRE LES MORTS, *dont A. Hitchcock a tiré son film* Sueurs froides.

LE MAUVAIS ŒIL

LES VISAGES DE L'OMBRE, *porté à l'écran par David Easy.*

À CŒUR PERDU, *dont Étienne Périer a tiré son film* Meurtre en 45 tours.

LES MAGICIENNES, *porté à l'écran par Serge Friedman.*

L'INGÉNIEUR AIMAIT TROP LES CHIFFRES

MALÉFICES, *porté à l'écran par Henri Decoin.*

MALDONNE, *porté à l'écran par Sergio Gobbi.*

LES VICTIMES

LE TRAIN BLEU S'ARRÊTE TREIZE FOIS *(Nouvelles).*

... ET MON TOUT EST UN HOMME *(Prix de l'Humour Noir 1965)*.

LA MORT A DIT PEUT-ÊTRE

LA PORTE DU LARGE *(Téléfilm)*.

DELIRIUM

LES VEUFS

LA VIE EN MIETTES

MANIGANCES *(Nouvelles)*.

OPÉRATION PRIMEVÈRE *(Téléfilm)*.

FRÈRE JUDAS

LA TENAILLE

LA LÈPRE

L'ÂGE BÊTE *(Téléfilm)*.

CARTE VERMEIL *(Téléfilm)*.

LES INTOUCHABLES

TERMINUS

BOX-OFFICE

MAMIE

LES EAUX DORMANTES

LE CONTRAT

LE BONSAÏ

LE SOLEIL DANS LA MAIN

À la Librairie des Champs-Élysées

LE SECRET D'EUNERVILLE

LA POUDRIÈRE

LE SECOND VISAGE D'ARSÈNE LUPIN

LA JUSTICE D'ARSÈNE LUPIN

LE SERMENT D'ARSÈNE LUPIN

Impression Bussière à Saint-Amand (Cher),
le 24 janvier 1991.
Dépôt légal : janvier 1991.
Numéro d'éditeur : 51531.
Numéro d'imprimeur : 3811.
ISBN 2-07-038333-4./Imprimé en France.